21世纪全国高等院校财经管理系列实用规划教材

基础会计实验与习题

主　编　左　旭　李秀莲
副主编　孙志梅　伍红艳
参　编　栾泽沛　田　雪

北京大学出版社
PEKING UNIVERSITY PRESS

内 容 简 介

本书是《全国本科会计学专业规划建设项目立项》审批的国家级规划教材。本书编写过程以现行《企业会计准则》、《基础会计工作规范》等法规为依据，更加注重学生实际应用能力的培养和训练。

本书内容共分三大部分：基础会计模拟实验、习题和习题参考答案。其中，基础会计模拟实验部分主要依据《基础会计》中学习的会计核算基本方法进行手工核算实际训练。以具有代表性的制造业企业（针织服装公司，一般纳税人）为案例，设计十个实验项目，按照会计账务处理程序依次为：会计数字书写；原始凭证的填制及审核；记账凭证的填制及审核；日记账的登记；明细账的登记；科目汇总表的编制；总账的登记；会计凭证的装订与保管；结账和编制会计报表；会计岗位综合实验。习题部分，依据《基础会计》中所讲的理论编制各类练习题，主要包括：单项选择题、多项选择题、名词解释、判断题、简答题、业务题等。

本书既可以与《基础会计》配套使用，作为会计学及相关专业本科院校的教材，也可以作为自学会计的人士学习基础会计核算方法实训与练习的参考用书。

图书在版编目(CIP)数据

基础会计实验与习题/左旭，李秀莲主编. —北京：北京大学出版社，2013.5
(21 世纪全国高等院校财经管理系列实用规划教材)
ISBN 978-7-301-22387-1
Ⅰ. ①基… Ⅱ. ①左…②李… Ⅲ. ①会计学—高等学校—教学参考资料 Ⅳ. ①F230
中国版本图书馆 CIP 数据核字(2013)第 074260 号

书　　名：基础会计实验与习题
著作责任者：左　旭　李秀莲　主编
策 划 编 辑：王显超　李　虎
责 任 编 辑：魏红梅
标 准 书 号：ISBN 978-7-301-22387-1/F・3600
出 版 发 行：北京大学出版社
地　　址：北京市海淀区成府路 205 号　100871
网　　址：http://www.pup.cn　新浪官方微博：@北京大学出版社
电 子 信 箱：pup_6@163.com
电　　话：邮购部 62752015　发行部 62750672　编辑部 62750667　出版部 62754962
印　刷　者：北京大学印刷厂
经　销　者：新华书店
787 毫米×1092 毫米　16 开本　15.5 印张　354 千字
2013 年 5 月第 1 版　　2015 年 1 月第 2 次印刷
定　　价：30.00 元

丛 书 序

我国越来越多的高等院校设置了经济管理类学科专业，这是一个包括经济学、管理科学与工程、工商管理、公共管理、农业经济管理、图书档案学 6 个二级学科门类和 22 个专业的庞大学科体系。2006 年教育部的数据表明，在全国普通高校中，经济类专业布点 1518 个，管理类专业布点 4328 个。其中除少量院校设置的经济管理专业偏重理论教学外，绝大部分属于应用型专业。经济管理类应用型专业主要着眼于培养社会主义国民经济发展所需要的德智体全面发展的高素质专门人才，要求既具有比较扎实的理论功底和良好的发展后劲，又具有较强的职业技能，并且又要求具有较好的创新精神和实践能力。

在当前开拓新型工业化道路，推进全面小康社会建设的新时期，进一步加强经济管理人才的培养，注重经济理论的系统化学习，特别是现代财经管理理论的学习，提高学生的专业理论素质和应用实践能力，培养出一大批高水平、高素质的经济管理人才，越来越成为提升我国经济竞争力、保证国民经济持续健康发展的重要前提。这就要求高等财经教育要更加注重依据国内外社会经济条件的变化，适时变革和调整教育目标和教学内容；要求经济管理学科专业更加注重应用、注重实践、注重规范、注重国际交流；要求经济管理学科专业与其他学科专业相互交融与协调发展；要求高等财经教育培养的人才具有更加丰富的社会知识和较强的人文素质及创新精神。要完成上述任务，各所高等院校需要进行深入的教学改革和创新。特别是要搞好有较高质量的教材的编写和创新工作。

出版社的领导和编辑通过对国内大学经济管理学科教材实际情况的调研，在与众多专家学者讨论的基础上，决定编写和出版一套面向经济管理学科专业的应用型系列教材，这是一项有利于促进高校教学改革发展的重要措施。

本系列教材是按照高等学校经济类和管理类学科本科专业规范、培养方案，以及课程教学大纲的要求，合理定位，由长期在教学第一线从事教学工作的教师编写，立足于 21 世纪经济管理类学科发展的需要，深入分析经济管理类专业本科学生现状及存在的问题，探索经济管理类专业本科学生综合素质培养的途径，以科学性、先进性、系统性和实用性为目标，其编写的特色主要体现在以下几个方面：

(1) 关注经济管理学科发展的大背景，拓宽理论基础和专业知识，着眼于增强教学内容与实际的联系和应用性，突出创造能力和创新意识。

(2) 体系完整、严密。系列涵盖经济类、管理类相关专业以及与经管相关的部分法律类课程，并把握相关课程之间的关系，整个系列丛书形成一套完整、严密的知识结构体系。

(3) 内容新颖。借鉴国外最新的教材，融会当前有关经济管理学科的最新理论和实践经验，用最新知识充实教材内容。

(4) 合作交流的成果。本系列教材是由全国上百所高校教师共同编写而成，在相互进行学术交流、经验借鉴、取长补短、集思广益的基础上，形成编写大纲。最终融合了各地特点，具有较强的适应性。

(5) 案例教学。教材具备大量案例研究分析内容，让学生在学习过程中理论联系实际，特别列举了我国经济管理工作中的大量实际案例，这可大大增强学生的实际操作能力。

(6) 注重能力培养。力求做到不断强化自我学习能力、思维能力、创造性解决问题的能力以及不断自我更新知识的能力，促进学生向着富有鲜明个性的方向发展。

作为高要求，财经管理类教材应在基本理论上做到以马克思主义为指导，结合我国财经工作的新实践，充分汲取中华民族优秀文化和西方科学管理思想，形成具有中国特色的创新教材。这一目标不可能一蹴而就，需要作者通过长期艰苦的学术劳动和不断地进行教材内容的更新才能达成。我希望这一系列教材的编写，将是我国拥有较高质量的高校财经管理学科应用型教材建设工程的新尝试和新起点。

我要感谢参加本系列教材编写和审稿的各位老师所付出的大量卓有成效的辛勤劳动。由于编写时间紧、相互协调难度大等原因，本系列教材肯定还存在一些不足和错漏。我相信，在各位老师的关心和帮助下，本系列教材一定能不断地改进和完善，并在我国大学经济管理类学科专业的教学改革和课程体系建设中起到应有的促进作用。

劉詩白

2007 年 8 月

刘诗白 现任西南财经大学名誉校长、教授，博士生导师，四川省社会科学联合会主席，《经济学家》杂志主编，全国高等财经院校资本论研究会会长，学术团体“新知研究院”院长。

前　言

一、实验总体目标

本书是会计专业和财务管理专业开设的专业基础课程——基础会计的配套实验课教学用书，教学目标是使学生掌握会计基础实验的环节和各环节的具体操作方法。通过对本书的学习，学生应掌握会计基础性操作方法及会计循环的全过程，能够熟练处理基本的经济业务，增强手工核算操作能力及会计岗位综合应用能力。

进行会计基础模拟实验主要是在会计实验室、课堂等场所对学生进行会计核算的模拟实训，以使学生掌握填制和审核各种原始凭证、编制和审核记账凭证、编制科目汇总表的方法，掌握现金、银行存款日记账，以及各种明细账和总账的登记方法，掌握错账的更正方法、未达账项的调整方法，以及试算平衡表、资产负债表、利润表的编制方法。意在使学生将所学的理论与实践结合起来，为后续专业课的学习和将来实际工作打下良好的基础。

二、适用专业

本书适用于会计学、财务管理学两个本科专业。

三、先修课程

基础会计

四、实验课时分配

实验项目	学　时
实验一　会计数字书写	1
实验二　原始凭证的填制及审核	2
实验三　记账凭证的填制及审核	3
实验四　日记账的登记	2
实验五　明细账的登记	4
实验六　科目汇总表的编制	1
实验七　总账的登记	2
实验八　会计凭证的装订和保管	1
实验九　结账和编制会计报表	2
实验十　会计岗位综合实验	6
共　计	24

五、实验环境

按自然班上课，每次实验指导教师指导一个自然班，为此会计手工模拟实验室需设35个座位，实验台上配备会计手工记账所需的备品，如专用和通用的会计科目章、红色银台、蓝色银台、直尺、曲别针、胶水、小刀、剪刀等；配备装订用具和移动白板一张。学生每人一套证、账、表，包括记账凭证，科目汇总表，现金日记账，银行存款日记账，三栏式、数量金额式、多栏式账页，会计报表，记账凭证封皮，账簿封皮等。记账用黑笔和红笔每人各一支。

实验室要配有投影仪和屏幕。主要会计工作的流程图要悬挂在实验室墙壁上，便于学生参阅，营造良好的实验环境。

六、实验总体要求

1．通过实验进一步巩固课堂所学的理论知识。在实验中，要将理论课所讲的内容与实际操作进行对照，帮助学生掌握模拟实验资料中全部经济业务的会计处理、有关数字的来龙去脉和相互关系，以及完整的核算过程和操作方法。

2．通过实验提高实际应用能力。在实验中，要为学生配备企业会计部门所用的各种凭证、账簿和报表。学生按步骤要求亲自动手进行每个项目的核算，完成一个会计循环过程，提高实际操作能力，为进一步掌握会计信息生成的方法和合理运用会计信息打下良好的基础。

3．进行实验时，应注意以下几点：

(1) 按照生产企业组织会计核算的程序、方法和所使用的凭证、账簿、报表来组织会计模拟实验。

(2) 动手操作之前，应明确每个实验的目的和要求，并对本书的有关内容进行认真的复习，以便顺利完成各项模拟实验。

(3) 各项实验的基本操作规范要按照《会计基础工作规范》的要求进行。

(4) 对企业所发生各项经济业务，要根据现行的《企业会计准则》和《企业会计制度》的规定进行处理。

七、实验的重点、难点及教学方法建议

实验的重点和难点是会计凭证的填制、各种会计账簿的登记方法及会计报表的编制方法。为保证实验课程的质量，达到实验教学的目的，在教学方法方面提出如下建议：

(1) 由教师布置实验，介绍相关的参考文献，提出实验要求，提示实验过程及应注意事项。

(2) 学生根据教师的布置和实验指导书进行实验准备，包括阅读参考资料，明确实验目的，设计实验步骤，预习实验过程中涉及的相关知识，提出实验可能涉及的问题。

(3) 学生到会计模拟实验室进行分项基础性实验。

(4) 根据企业实际的会计岗位设置，对学生进行分组，每小组为一个会计机构，根据企业的实际情况，设置不同的岗位进行模拟会计工作的综合实验。

(5) 撰写实验报告，侧重点在于实验过程中遇到的问题及解决的方法、实验尚未解决的问题。

(6) 教师审阅学生实验报告，评出优秀实验报告，对普遍存在的问题进行总结，提出需要进一步思考和探讨的问题，组织学生对实验及相关理论进行讨论，并对实验中存在的问题提出改进意见。

编 者

2013年2月

目　　录

第一部分　基础会计模拟实验

实验一　会计数字书写

实验目的

通过本实验的训练，学生应掌握手工记账方式对会计凭证、会计账簿和会计报表的书写规范要求。

实验要求

1. 掌握手工记账对阿拉伯数字的书写要求。
2. 掌握汉字大写金额的标准写法。
3. 做到书写规范、流利，字迹工整、清晰。
4. 熟悉人民币符号的书写要求。

实验内容

一、阿拉伯数字的标准写法与要求

(1) 字迹清晰。在会计凭证、账簿和报表上，阿拉伯数字应当一个一个地写，不得连写。

(2) 位置适当。阿拉伯数字应当有高度标准，一般数字的高度以占账簿格高度的 1/2 为宜。书写时还要注意紧靠横格底线，数字向右的倾斜度一般可控制在 60° 左右，即数码的中心斜线与底平线为 60° 的夹角。

(3) 数字标准。为了防止涂改，对有竖划的数字的写法应有明显区别。例如，“6”的竖划应偏左，“4”、“7”、“9”的竖划应偏右，“1”应写在中间，此外，“6”的竖划应为一般数字的 1/4；“7”和“9”的竖划可以下拉出格一般数字的 1/4。

二、大写数字与单位的标准写法与要求

1. 大写数字与单位的标准写法

大写数字与单位的标准写法如下：

壹、贰、叁、肆、伍、陆、柒、捌、玖、拾、佰、仟、万、亿、零、元、角、分。

2. 大写数字的要求

大写金额数字到元或角为止的，在“元”或者“角”字之后应当写“整”字；大写金额数字有分的，“分”字后面不写“整”字。

例如，人民币 5 820.6 元，大写金额数字应为“伍仟捌佰贰拾元陆角整”；再如，人民币 30 004.21 元，大写金额数字应为“叁万零肆元贰角壹分”。

三、货币符号的书写要求

阿拉伯数字金额前面应当书写货币币种符号或者货币名称简写和币种符号。例如，人民币的币种符号为“￥”。币种符号与阿拉伯金额数字之间不得留有空白。凡阿拉伯金额数字前写有币种符号的，数字后面不再写货币单位。

所有以元为单位的阿拉伯金额数字，除表示单价等情况外，一律填写到角分；无角分的，角位分位可写“00”，或者符号“—”；有角无分的，分位应当写“0”，不得用符号“—”代替。

四、练习

将下列小写金额写成大写：

￥4 600 005.07　￥10.5　￥18 946.2　￥300 678.56　￥80 940 210　￥4 801 426.03

实 验 小 结

手工记账书写是会计人员的基本功，是做好会计核算工作的基础，根据财政部 1996 年发布的《会计基础工作规范》规定，学生应熟练掌握对会计手工记账的书写规范要求。

本实验重点训练阿拉伯数字的书写和数字的大写写法。

实验思考题

1．财政部发布的《会计基础工作规范》中，对手工记账的书写有哪些规定？

2．在账簿中用阿拉伯数字写出：贰拾壹万捌仟伍佰元肆角，叁万陆仟柒佰壹拾贰元伍角玖分，肆仟柒佰万零贰佰肆拾壹元零捌分，壹万叁仟陆佰元，叁拾玖万柒仟零伍元叁角。

实验二　原始凭证的填制及审核

实验目的

通过本实验的训练，学生应掌握原始凭证的填制方法和要求，了解原始凭证的种类、各种原始凭证及每种原始凭证各联次在实际业务中的用途，以及原始凭证在会计核算中所起的作用和在核算过程中的传递过程。

实验要求

1. 掌握原始凭证的基本内容。
2. 了解原始凭证的种类。
3. 熟练掌握常用原始凭证的填制及审核方法。
4. 了解原始凭证的传递程序。

实验内容

一、原始凭证的内容

原始凭证又称单据，是在经济业务发生时，由业务经办人员直接取得或者填制、用以表明某项经济业务已经发生或者完成情况并明确有关经济责任的一种凭证。

原始凭证必须具备以下基本要素：

(1) 凭证的名称。

(2) 填制凭证的日期。

(3) 填制凭证单位的名称或者填制人的姓名。

(4) 经办人员的签名或盖章。

(5) 接受凭证单位的名称。

(6) 经济业务内容。

(7) 经济业务的数量、单价和金额。

此外，原始凭证一般还需载明凭证的附件和凭证的编号。

二、原始凭证的种类

(一) 按来源划分

原始凭证按来源划分为外来原始凭证和自制原始凭证。

(1) 外来原始凭证，如供应单位发货票，银行收款通知单，铁路、公路运费单等。

(2) 自制原始凭证，如收料单、领料单、产品出库单、工资结算单、收款收据、销货发票、成本计算单等。

(二) 按填制方法划分

原始凭证按填制方法划分为一次原始凭证、累计原始凭证和汇总原始凭证。

(1) 一次原始凭证，如各种外来原始凭证。

(2) 累计原始凭证，如限额领料单、费用限额卡等。

(3) 汇总原始凭证，如收料单汇总表、工资汇总表、领料汇总表、差旅费报销单等。

(三) 按经济业务的类别划分

原始凭证按经济业务的类别划分为款项收付业务原始凭证、出入库业务原始凭证、成本费用原始凭证、销货业务原始凭证和固定资产业务原始凭证等。

(1) 款项收付业务原始凭证，如现金借据、现金收据、领款单、零星购货发票、车船机票、医药费单据、银行支票、付款委托书、托收承付结算凭证等。

(2) 出入库业务原始凭证，如入库单、收料单、领料单、提货单、产品出库单等。

(3) 成本费用原始凭证，如工资单、工资费用汇总表、材料耗用汇总表、折旧费用分配表、制造费用分配表、产品成本计算单等。

(4) 销货业务原始凭证，如提货单、发货单、交款单、运费单据等。

(5) 固定资产业务原始凭证，如固定资产调拨单，固定资产移交清册，固定资产报废单，固定资产盘盈、盘亏报告单等。

三、原始凭证填制的基本要求

(1) 真实可靠，即如实填列经济业务内容，不弄虚作假，不涂改、挖补。

(2) 内容完整，即应该填写的项目要逐项填写(接受凭证方应注意逐项验明)，不可缺漏，尤其需要注意的是，年、月、日要按照填制原始凭证的实际日期填写；名称要写全，不能简化；品名和用途要填写明确，不许含糊不清；有关人员的签章必须齐全。

(3) 填制及时，即每当一项经济业务发生或完成，都需要立即填写原始凭证。

(4) 书写清楚，即字迹端正、易于辨认。

(5) 顺序使用，收付款项或实物的凭证要顺序或分类编号，在填制时按照编号的次序使用，跳号的凭证应加盖“作废”戳记，不得撕毁。

四、原始凭证填制及审核的附加要求

(一) 从外单位取得的原始凭证

从外单位取得的原始凭证必须盖有填制单位的公章；从个人取得的原始凭证必须有填制人的签名或者盖章。自制原始凭证必须由经办部门负责人或其指定人员的签名或者盖章。对外出的原始凭证必须加盖本单位的公章。

凡填有大小写金额的原始凭证，大小写金额必须相等。

(二) 购买实物的原始凭证

购买实物的原始凭证必须有验收证明。实物购入以后，要按照规定办理验收手续，实物验收工作应由有关人员负责办理，会计人员通过有关原始凭证进行监督检查。需要入库的实物必须填写实物验收单，由仓库保管人员按照采购计划或供货合同验收后，在入库验收单上如实填写实收数额，并签名或盖章。不需要入库的实物，由经办人员在凭证上签名或者盖章以后，必须交由实物保管员或使用人员进行验收，并由实物保管员或使用人员在凭证上签名或盖章。经过购买人以外的第三者查证核实以后，会计人员才能据以报销付款并作进一步的会计处理。

(三) 销货退回及退货款的凭证

发生销货退回及退货款时，必须填制退货发票，附有退货验收证明和对方单位的收款收据，不得以退货发票代替收据。

(四) 职工出差借款的凭证

职工出差借款的借据必须附在记账凭证之后。职工出差借款时，应由本人按照规定填制借款单，由所在单位领导或其指定的人员审核，并签名或盖章，然后办理借款。职工出差回来将余款交回财务部门时，由出纳开具收据，一式两联，给借款人一联，另一联财务部门用以记账。

(五) 批准文件作为原始凭证附件

对经上级有关部门批准的经济业务，应当将批准文件作为原始凭证附件。如果批准文件需要单独归档的，应当在凭证上注明批准机关名称、日期和文件字号。

注意：发现原始凭证有错误的，应当由开出单位重开或者更正。在更正处应当加盖开出单位的公章。

五、原始凭证的传递及审核

(1) 经办人员要及时将原始凭证送交会计机构。

(2) 会计人员对原始凭证的真实性、完整性、合法性进行审核。

(3) 会计机构、会计人员对原始凭证有审核和不予接受不真实、不合法原始凭证的权利，并有义务向单位负责人报告。

(4) 会计机构、会计人员对记载不准确、不完整的原始凭证有权予以退回，并有权要求经办人员按国家统一的会计制度更正、补充。

六、常用原始凭证

企业资料：宏伟针织服装公司成立于2012年1月1日，是以生产保暖内衣、家居服装等系列产品为主的企业，自成立之日起，就本着质量第一、服务于民的理念进行各项业务活动，产品一上市就打开了销路，订单不断。该公司位于滨城市白石路30号，开户银行是滨城市工商银行白石路办事处，银行账号为098765432111；该公司为增值税一般纳税人，税务登记号为246890000887766，增值税税率17%。出纳员为王红，材料仓库保管员为赵平，成品仓库保管员为英子。

要求：①根据下列经济业务填写原始凭证；②同学之间交换、审核原始凭证。以下练习及要求均沿用该企业资料。

(一) 支票

支票是由出票人签发，委托办理支票存款业务的银行在见票时无条件支付确定金额给收款人或者持票人的票据。支票按支付票款的方式不同，分为普通支票、现金支票和转账支票。单位和个人在同一票据交换区域的各种款项结算，均可以使用支票。

1. 支票的填写方法

1) 填写日期

签发日期应填写实际出票日期，支票正联出票日期必须使用中文大写数字：零、壹、贰、叁、肆、伍、陆、柒、捌、玖、拾。支票存根部分出票日期可用阿拉伯数字书写。例如，“2012年3月5日”应写为“贰零壹贰年叁月零伍日”，“叁月”前“零”字可写也可不写，“伍日”前零字必写。又如，“2009年2月14日”应写为“贰零零玖年零贰月壹拾肆日”。

注意：“壹月贰月”前“零”字必须写，“叁月”至“玖月”前“零”字可写可不写。“10月”至“12月”必须写成“壹拾月”、“壹拾壹月”、“壹拾贰月”(前面多写了“零”字也认可，如“零壹拾月”)。“壹日”至“玖日”前“零”字必写，“10日”至“19日”必须写成“壹拾日”及“壹拾×日”(前面多写了“零”字也认可，如“零壹拾伍日”，下同)，“20日”至“29日”必须写成“贰拾日”及“贰拾×日”，“30日”和“31日”必须写成“叁拾日”及“叁拾壹日”。

2) 收款人

(1) 现金支票“收款人”栏可填写本单位名称，此时现金支票背面“被背书人”栏内加盖本单位的财务专用章和法人章，之后收款人可凭现金支票直接到开户银行提取现金。由于有的银行各营业点联网，所以也可到联网营业点取款，具体要视联网覆盖范围而定。

(2) 现金支票“收款人”栏可填写收款人个人姓名，此时现金支票背面不盖任何章，收款人在现金支票背面填上身份证号码和发证机关名称，凭身份证和现金支票签字领款。

(3) 转账支票“收款人”栏应填写为对方单位名称。转账支票背面本单位不盖章。收款单位取得转账支票后，在支票背面“被背书人”栏内加盖收款单位财务专用章和法人章，填写好银行进账单后连同该支票交给收款单位的开户银行委托银行收款。

3) 付款行名称、出票人账号

“付款行名称”、“出票人账号”栏应填写本单位开户银行名称及银行账号，账号小写。

4) 人民币大写

数字大写写法：零、壹、贰、叁、肆、伍、陆、柒、捌、玖、拾、佰、仟、万、亿。

注意：“万”字不带单人旁。

5) 人民币小写

最高金额的前一位空白格用“￥”字头替换，数字填写要求完整、清楚。

2. 支票的用途

(1) 现金支票有一定限制，一般填写“备用金”、“差旅费”、“工资”、“劳务费”等。

(2) 转账支票没有具体规定，可填写“货款”、“代理费”等。

3. 支票盖章

支票正面盖财务专用章和法人章，缺一不可，印泥为红色，印章必须清晰。如果印章模糊，只能将本张支票作废，换一张重新填写、重新盖章。

注意事项如下：

(1) 支票正面不能有涂改痕迹，否则本支票作废。

(2) 受票人如果发现支票填写不全，可以补记，但不能涂改。

(3) 支票的有效期为十天，日期首尾算一天。节假日顺延。

(4) 支票见票即付，不记名。丢失支票尤其是现金支票可能就意味着票面金额数目的钱丢失，银行不承担责任。现金支票一般要素填写齐全，假如支票未被冒领，可在开户银行挂失；转账支票丢失的，假如支票要素填写齐全，在开户银行挂失，假如要素填写不齐，到票据交换中心挂失。

(5) 出票单位现金支票背面印章模糊的，可把模糊印章打叉，重新再盖一次。

(6) 收款单位转账支票背面印章盖模糊的，根据《中华人民共和国票据法》(以下简称《票据法》规定，不能以重新盖章的方法补救，收款单位可带转账支票及银行进账单到出票单位的开户银行办理收款手续(不用支付手续费)，俗称“倒打”，这样就不必到出票单位重新开支票了。

练习 2-1 2012年7月3日出纳王红提取现金28 000元备用。填写凭证1-2-1和凭证1-2-2。

凭证 1-2-1

中国工商银行现金支票存根

中国工商银行

现金支票存根

支票号码 VX 01172600

附加信息

出票日期　年　月　日

收款人：
金　额：
用　途：

单位主管　　会计

凭证 1-2-2

中国工商银行现金支票

中国工商银行　现金支票　VX 01172600

本支票付款期限十天

出票日期(大写)　年　月　日　　付款行名称：中国工商银行白石路办事处

收款人：　　出票人账号：098765432111

人民币(大写)	千	百	十	万	千	百	十	元	角	分

用途　　科目(借)

上列款项请从　　对方科目(贷)

我账户内支付　　付讫日期　年　月　日

出票人签章　　出纳　复核　记账

练习 2-2　2012 年 7 月 4 日，王红签发转账支票，支付上月欠红林木材厂的购买木材款 23 7000 元。填写凭证 1-2-3 和凭证 1-2-4。

凭证 1-2-3

中国工商银行转账支票存根

中国工商银行

转账支票存根

支票号码 VX 01172601

附加信息

出票日期　年　月　日

收款人：
金　额：
用　途：

单位主管　　会计

凭证 1-2-4

中国工商银行转账支票

本支票付款期限十天	中国工商银行　转账支票　VX 01172601										
	出票日期(大写)　年　月　日　付款行名称：中国工商银行白石路办事处										
	收款人：　出票人账号：098765432111										
	人民币(大写)	千	百	十	万	千	百	十	元	角	分
	用途______　科目(借) ______										
	上列款项请从　对方科目(贷)______										
	我账户内支付　转账日期　年　月　日										
	出票人签章　出纳　复核　记账										

练习 2-3　2012 年 7 月 12 日出纳王红提取现金 328 000 元备发工资。填写凭证 1-2-5 和凭证 1-2-6。

凭证 1-2-5

中国工商银行支票存根

中国工商银行
现金支票存根
支票号码 VX 01172602
附加信息______
出票日期　年　月　日
收款人：
金　额：
用　途：
单位主管　会计

凭证 1-2-6

中国工商银行现金支票

本支票付款期限十天	中国工商银行　现金支票　VX 01172602										
	出票日期(大写)　年　月　日　付款行名称：中国工商银行白石路办事处										
	收款人：　出票人账号：098765432111										
	人民币(大写)	千	百	十	万	千	百	十	元	角	分
	用途______　科目(借) ______										
	上列款项请从　对方科目(贷)______										
	我账户内支付　付讫日期　年　月　日										
	出票人签章　出纳　复核　记账										

练习 2-4 2012 年 7 月 15 日，王红签发转账支票，向市供电公司支付车间用电费 5 000 元。填写凭证 1-2-7 和凭证 1-2-8。

凭证 1-2-7

中国工商银行转账支票

中国工商银行　转账支票　VX 01172603

本支票付款期限十天

出票日期(大写)　年　月　日　　付款行名称：中国工商银行白石路办事处

收款人：　　出票人账号：098765432111

人民币(大写)	千	百	十	万	千	百	十	元	角	分

用途______　　科目(借)______

上列款项请从　　对方科目(贷)______

我账户内支付　　转账日期　年　月　日

出票人签章　　出纳　复核　记账

凭证 1-2-8

中国工商银行转账支票存根

中国工商银行

转账支票存根

支票号码 VX 01172603

附加信息______

出票日期　年　月　日

收款人：
金　额：
用　途：

单位主管　　会计

(二) 银行进账单

银行进账单是持票人或收款人将票据款项存入收款人在银行账户的凭证，也是银行将票据款项记入收款人账户的凭证。银行进账单一式二联：第一联即收账通知，是持票人开户银行交给持票人的收账通知；第二联即贷方凭证，持票人开户银行以此为贷方凭证。

1. 银行进账单的使用

银行进账单与支票配套使用，可以一张支票填制一份银行进账单，也可以将多张支票(不超过 4 笔)汇总金额后填制一份银行进账单，即允许办理一收多付(一贷多借)。对一些收受支票业务量较大的收款单位，如商业(供销)批发零售等企业经其开户银行审查同意也可以抄附票据清单，汇总填写银行进账单，委托银行办理收款。这样规定的目的主要是为了方便客户、简化手续，以减轻客户填制凭证的压力。

2. 银行进账单的办理

对于办理一收多付(一贷多借)的银行进账单，客户必须根据不同的票据种类和支票签发人所属的不同票据交换行处分别填制，不得混淆。主要原因：一是票据种类不同，如支票、银行汇票，在银行内部核算处理的方法和要求也不一样；二是由于路途远近、交通情况等客观条件的限制，一些基层交换行处有的参加两次交换，有的只能参加一次交换，在交换票据的处理、资金的抵用时间等方面就存在差异。鉴于上述原因，为了保证客户及时用款，因此这样规定。

3. 银行进账单的填写

银行进账单上填列的收款人名称、账号、金额等内容均不得更改，其他项目内容应根据所附支票的相关内容据实填列。这是因为银行受理票据后，支票和银行进账单两者分离，要分别在不同的柜组或行处之间进行核算处理，为了防止差错纠纷和经济案件的发生，便于事后查找，故作此明确规定。

注意：银行进账单第二联最下端的磁码区域必须保持清洁，任何企事业单位或个人不得在此区域内书写或盖章，其目的、作用与支票相同。

练习 2-5 2012 年 7 月 21 日，收到北良公司(账号：103050799990，开户银行：中国工商银行铁岭办事处)货款 35 000 元的转账支票一张。填制银行进账单存入该货款，见凭证 1-2-9。

凭证 1-2-9

中国工商银行进账单(加单或收账通知)

年 月 日 第 01 号

<table>
<tr><td rowspan="3">收款人</td><td>全 称</td><td colspan="2"></td><td rowspan="3">付款人</td><td>全 称</td><td colspan="10"></td></tr>
<tr><td>账 号</td><td colspan="2"></td><td>账 号</td><td colspan="10"></td></tr>
<tr><td>开户银行</td><td colspan="2"></td><td>开户银行</td><td colspan="10"></td></tr>
<tr><td colspan="6" rowspan="2">人民币
(大写):</td><td>千</td><td>百</td><td>十</td><td>万</td><td>千</td><td>百</td><td>十</td><td>元</td><td>角</td><td>分</td></tr>
<tr><td></td><td></td><td></td><td></td><td></td><td></td><td></td><td></td><td></td><td></td></tr>
<tr><td colspan="2">票据种类</td><td>票据张数</td><td></td><td colspan="12" rowspan="3">收款人开户银行盖章</td></tr>
<tr><td colspan="2">票据号码</td><td colspan="2"></td></tr>
<tr><td colspan="4">单位主管 会计 复核 记账</td></tr>
</table>

此联是收款人开户银行交给收款人回单或收账通知

练习 2-6 2012 年 7 月 23 日，收到天星商场(账号：661144012335；开户银行：工商银行辽阳办事处)货款 23 400 元的转账支票一张。填制银行进账单存入该货款，见凭证 1-2-10。

凭证 1-2-10

中国工商银行进账单(加单或收账通知)

年　月　日　　　　第 02 号

收款人	全　称		付款人	全　称	
	账　号			账　号	
	开户银行			开户银行	

人民币(大写)：	千	百	十	万	千	百	十	元	角	分

票据种类		票据张数		
票据号码				
单位主管　会计　复核　记账				收款人开户银行盖章

此联是收款人开户银行交给收款人回单或收账通知

(三) 收据

收据是收款单位开给交款人的凭据，由收款单位填制，一式三联：第一联为存根，由收款单位留存；第二联为收据，由交款人收存；第三联供财会部门记账。

收款单位根据交款人交来的款项填写收据，应写明交款单位、交款人姓名、交款的原因和数额，当面点清交款数额后，将收据给交款人收存。

练习 2-7　2012 年 7 月 27 日，收到辉煌公司押金 3 000 元。填制收据，见凭证 1-2-11。

凭证 1-2-11

收　据

年　月　日　　　　第 001 号

交款单位或姓名	
款项内容	
金　额	人民币(大写)　　　　¥

收款单位公章　　　　收款　　　　交款

练习 2-8　收到李佳个人还款 560.4 元。填制收据，见凭证 1-2-12。

凭证 1-2-12

收　据

年　月　日　　　　第 002 号

交款单位或姓名	
款项内容	
金　额	人民币(大写)　　　　¥

收款单位公章　　　　收款　　　　交款

(四) 现金缴款单

现金缴款单也称现金送款单，是送款单位在缴送现金时填制的，该单为一式三联。第一联：现金收入传票；第二联：代现金收入日记簿；第三联：回单。三联必须一次复写填制，不得涂改；如填制错误，不得撕掉，要保留备案。

送款单位填写现金缴款单时，应将现金按不同券别的张数、金额填写清楚，并与总金额核对一致。银行将现金清点后，在第三联回单上盖章并退还缴款单位，第一联和第二联留存分别作为现金收入传票和代现金收入日记簿。

练习 2-9 出纳王红当日收到现金 3 560.4 元(100 元面额 35 张，10 元面额 6 张，1 角面额 4 张)，填制现金缴款单交存银行，见凭证 1-2-13。

凭证 1-2-13

中国工商银行现金缴款单(回单) ③No 435011

年　月　日

<table>
<tr><td colspan="2">款项来源</td><td colspan="3"></td><td colspan="2" rowspan="2">收款
单位</td><td>全称</td><td colspan="8"></td></tr>
<tr><td colspan="2">解款部门</td><td colspan="3"></td><td>账号</td><td colspan="8"></td></tr>
<tr><td colspan="8" rowspan="2">人民币
(大写)：</td><td>十</td><td>万</td><td>千</td><td>百</td><td>十</td><td>元</td><td>角</td><td>分</td></tr>
<tr><td></td><td></td><td></td><td></td><td></td><td></td><td></td><td></td></tr>
<tr><td>种类</td><td>张数</td><td>种类</td><td>张数</td><td>种类</td><td>张数</td><td>种类</td><td>张数</td><td colspan="8">(银行盖章)</td></tr>
<tr><td>一百元</td><td></td><td>五元</td><td></td><td>五角</td><td></td><td>五分</td><td></td><td colspan="8" rowspan="3">收款
复核</td></tr>
<tr><td>五十元</td><td></td><td>二元</td><td></td><td>二角</td><td></td><td>二分</td><td></td></tr>
<tr><td>十元</td><td></td><td>一元</td><td></td><td>一角</td><td></td><td>一分</td><td></td></tr>
</table>

此联由银行盖章退回单位

(五) 发票

发票是指单位和个人在购销商品、提供劳务或接受劳务、服务及从事其他经营活动时提供给对方的收付款的书面证明，是财务收支的法定凭证，是会计核算的原始依据，也是审计机关、税务机关执法检查的重要依据。

1. *发票的种类*

国家税务局发售的发票包括普通发票和增值税专用发票。其中，普通发票又包括普通商品发票、加工修理修配发票、废旧物资销售发票、收购统一发票、机动车销售统一发票、粮食销售发票、出口商品发票、其他收入发票和套印纳税人衔头号普通发票。

2. *发票的领购资格*

1) 普通发票的领购资格

领购普通发票的单位应是按规定已办理税务登记的纳税人。附送的资料包括：税务行政认可申请表、领购发票申请表、经办人身份证明、税务登记证副本复印件、财务专用章或发票专用章印模。

2) 增值税专用发票的领购资格

经税务机关认定的增值税一般纳税人可申请领购增值税专用发票。申请人首次领购增值税专用发票需附送的资料包括：税务行政认可申请表、防伪税控认定登记表、经办人身份证明、税务登记证副本、财务专用章或发票专用章印模、一般纳税人资格证及复印件、申请防伪税控增值税专用发票最高开票限额的税务行政许可决定书和已购置防伪税控增值税专用发票最高开票限额的税务行政许可决定书。

申请人增加领购增值税专用发票需附送的资料包括：防伪税控认定登记表、增购专用发票申请书、最近一次领购领发票的防伪税控认定登记表、办税员证复印件和一般纳税人资格证复印件。

注意：税务机关对企业使用防伪税控开票系统的最高开票限额进行审批，须经过实地核查。批准使用十万元版专用发票(即最高开票限额为一百万元)的，须由地市级税务机关派人实地核查；批准使用百万元版、千万元版专用发票(即最高开票限额为一千万元、一亿元)的，须由地市级税务机关派人实地核查后将核查材料报省级税务机关审核。

3. 领购发票

纳税人在取得发票的领购资格后，带下列资料到征收大厅发票发售岗办理发票领购手续：领购发票申请表、发票领购手折、未核销的旧发票和办税员证。

普通发票的使用期限为 6 个月，增值税专用发票的使用期限尚未确定。根据验旧供新的原则，纳税人应在发票使用期限前，将使用完或未用的发票交发票发售岗办理核销手续。

4. 发票的填写要求

1) 普通发票的填写要求

纳税人或开票单位在开具发票时应按以下规定进行填开：

(1) 填写客户名称时必须写全称，不能简写。

(2) 填写开票日期，必须是经济业务活动发生的实际日期，不能提前，也不能滞后，要做到当天开取。

(3) 填写货物名称或收入(收费)项目，应该按照销售货物名称或劳务名称逐项如实填写，不得虚开或改变内容。

(4) 填写规格、计量单位、数量、单价时，必须按实际或标准填写。

(5) 大小写金额数字的填写要规范。必须同时填写大小写金额，不能只写大写，不写小写；也不能只写小写，不写大写。

2) 增值税专用发票的填写要求

开票单位在开具发票时应按以下规定进行填开。

(1) 用票单位取得经营收入时要到税务部门购买空白增值税发票，在防伪税控开票系统机中打票，发生退货或错票退票时要打负数票。常用的是一式三联票。

(2) “金额”栏应填写不含税的销售额。在票面上反映的是数量乘单价所得的积。“金额合计”栏应填写本分发票所填开的不含税销售额之和，计量单位、数量、单价的“合计”栏不填写。

(3) “税率”栏应填写依照税收法规规定所确定的税率，“税率合计”栏不用填写。“税额”栏应填写金额乘税率所得的积，“税额合计”栏应填写本份发票税额合计数。

(4) “价税合计”栏填写金额合计加税额合计之和，并用汉字大写数码填写，￥码后用阿拉伯数字填写价税合计数。

(5) “销货单位”的“名称”、“地址电话”、“纳税人登记号”、“开户银行及账号”等信息已事先在系统中设置完成。

(6) “收款人”栏由收款人、复核人、开票人签字或盖章，姓名不得省略。“开票单位”栏应加盖在税务机关的发票发售部门预留印鉴的“发票专用章”或“财务专用章”。

(7) 购货时取得的增值税抵扣联，都要经过税务部门验证。验证后，方可作为抵扣依据，月末加封皮装订成册以备查核。

增值税专用发票各联的用途：第一联为绿色抵扣联，由购货单位留存备查；第二联为棕色发票联，供购货单位记账；第三联为黑色记账联，供销货单位记账。

练习 2-10 2012 年 7 月 9 日，宏伟针织服装公司销售给辽北商场家居服 500 套，每套售价 180 元，增值税税率为 17%。收到转账支票一张。填制凭证 1-2-14。

凭证 1-2-14

增值税专用发票

№ 4711135

开票日期： 年 月 日

<table>
<tr><td>购货单位</td><td colspan="4">名　　称：
纳税人登记号：
地 址、电 话：
开户行及账号：</td><td>密码区</td><td colspan="3"></td></tr>
<tr><td>货物及应税劳务名称</td><td>规格型号</td><td>单位</td><td>数量</td><td>单价</td><td>金额</td><td>税率</td><td>税额</td></tr>
<tr><td>合计</td><td></td><td></td><td></td><td></td><td></td><td></td><td>￥</td></tr>
<tr><td>价税合计(大写)</td><td colspan="7">(小写)￥</td></tr>
<tr><td>销货单位</td><td colspan="4">名　　称：
纳税人登记号：
地 址、电 话：
开户行及账号：</td><td>备注</td><td colspan="3"></td></tr>
</table>

第一联：抵扣联 购货方扣税凭证

收款人： 复核： 开票人： 销货单位(章)

练习 2-11 2012 年 7 月 12 日，销售给大冷商贸公司(地址：抚顺市红旗路 8 号；税务登记号：163804050548962；开户银行：中国工商银行红旗路办事处；账号：619554421012)保暖内衣 800 套，单价 640 元，增值税税率为 17%。货款尚未收到。填制增值税专用发票，见凭证 1-2-15。

凭证 1-2-15

增值税专用发票

№ 4711136

开票日期： 年 月 日

<table>
<tr><td>购货单位</td><td colspan="4">名　　称：
纳税人登记号：
地 址、电 话：
开户行及账号：</td><td>密码区</td><td colspan="3"></td></tr>
<tr><td>货物及应税劳务名称</td><td>规格型号</td><td>单位</td><td>数量</td><td>单价</td><td>金额</td><td>税率</td><td>税额</td></tr>
<tr><td>合计</td><td></td><td></td><td></td><td></td><td></td><td></td><td>￥</td></tr>
<tr><td>价税合计(大写)</td><td colspan="7">(小写)￥</td></tr>
<tr><td>销货单位</td><td colspan="4">名　　称：
纳税人登记号：
地 址、电 话：
开户行及账号：</td><td>备注</td><td colspan="3"></td></tr>
</table>

第一联：抵扣联 购货方扣税凭证

收款人： 复核： 开票人： 销货单位(章)

练习 2-12 2012 年 7 月 26 日，销售给兴龙公司(地址：大理市泉水街 11 号；税务登记号：880359321230077，开户银行：中国工商银行泉水办事处；账号：261041730218)羊绒内衣600件，单价410元，增值税税率为17%。货款已收到入账。填制凭证1-2-16。

凭证1-2-16

增值税专用发票

No 4711137

开票日期：　　年　　月　　日

购货单位	名称： 纳税人登记号： 地址、电话： 开户行及账号：				密码区		
货物及应税劳务名称	规格型号	单位	数量	单价	金额	税率	税额
合计							¥
价税合计(大写)				(小写)¥			
销货单位	名称： 纳税人登记号： 地址、电话： 开户行及账号：				备注		

收款人：　　复核：　　开票人：　　销货单位(章)

第一联：抵扣联　购货方扣税凭证

练习2-13　2012年7月30日，销售给明花商场(地址：永明市和平路25号，税务登记号：110747378181830，账号：工商银行和平办事处，132022041597)背心2 000件，单价33元。增值税税率17%，现已收到银行收账通知。填制凭证1-2-17。

凭证1-2-17

增值税专用发票

No 4711138

开票日期：　　年　　月　　日

购货单位	名称： 纳税人登记号： 地址、电话： 开户行及账号：				密码区		
货物及应税劳务名称	规格型号	单位	数量	单价	金额	税率	税额
合　计							¥
价税合计(大写)					(小写)¥		
销货单位	名称： 纳税人登记号： 地址、电话： 开户行及账号：				备注		

收款人：　　复核：　　开票人：　　销货单位(章)

第一联：抵扣联　购货方扣税凭证

(六) 收料单

收料单是企业购买材料验收入库时填写的，又称材料验收入库单，是由企业供销部门填制的，一式四联：第一联为存根；第二联供仓库记账；第三联供材料会计记账；第四联交统计部门。

供销部门有关人员根据购货单位的发货票和提货通知等凭证填写材料验收入库单，通知仓库办理验收入库；仓库验收入库后将材料验收入库单的第三联、第四联分别传递给财会部门和统计部门；财会部门据以办理货款结算和账务处理有关事项。

练习 2-14 2012 年 7 月 2 日，收到齐明公司发来的锦纶短纤 8 000 千克，每千克 30 元，价款为 240 000 元；山羊绒 200 千克，每千克 140 元，价款为 28 000 元；运杂费为 820 元(按重量比例分摊)。款项已在上月汇出，材料验收入库。填写凭证 1-2-18。

凭证 1-2-18

收 料 单

供应单位： 年 月 日 字第 001 号

材料类别：

材料编号	名称	规格	计量单位	数量		实际成本					计划成本	
				应收	实收	买价		运杂费	其他	合计	单位成本	金额
						单价	金额					

仓库负责人： 记账： 仓库保管员： 收料：

练习 2-15 2012 年 7 月 13 日，收到本市华成公司发来的腈纶毛条 1 000 千克，每千克 20 元，价款为 20 000 元，运保费为 500 元。款项已支付，材料验收入库。填写凭证 1-2-19。

凭证 1-2-19

收 料 单

供应单位： 年 月 日 字第 002 号

材料类别：

材料编号	名称	规格	计量单位	数量		实际成本					计划成本	
				应收	实收	买价		运杂费	其他	合计	单位成本	金额
						单价	金额					

仓库负责人： 记账： 仓库保管员： 收料：

(七) 领料单

领料单是领料部门领用材料时填写的单据，一式四联：第一联为存根；第二联供仓库记账；第三联供材料会计记账；第四联交统计部门。领料单有一单一料、一单多料和限额领料单多种格式。

领料部门按规定填写领料单(请领数量)送交仓库，仓库对领料单审核后发料(实发数量)，并将领料单的第三联和第四联分别交财会部门和统计部门；财会部门根据领料单进行价值核算。

练习 2-16 2012 年 7 月 10 日，一车间领用锦纶短纤、腈纶毛条两种材料生产保暖内衣；保暖内衣投产 100 件，耗用锦纶短纤 2 000 千克，单位成本 30.1 元；腈纶毛条 100 千克，单位成本 20.5 元。填制凭证 1-2-20。

凭证 1-2-20

领 料 单

领料部门： 开票日期： 年 月 日 字第 0010 号

材料编号	材料名称	规格	单位	请领数量	实发数量	实际成本	
						单价	金额
用途		领料部门			发料部门		
		负责人		领料人	核准人		发料人

练习 2-17 2012 年 7 月 19 日，二车间生产羊绒内衣，羊绒内衣投产 80 件，耗用锦纶短纤 2 400 千克，单位成本 30.1 元；耗用山羊绒 300 千克，单位成本 140.1 元。填制凭证 1-2-21。

凭证 1-2-21

领 料 单

领料部门： 开票日期： 年 月 日 字第 0011 号

材料编号	材料名称	规格	单位	请领数量	实发数量	实际成本	
						单价	金额
用途		领料部门			发料部门		
		负责人		领料人	核准人		发料人

练习 2-18 2012 年 7 月 27 日，整理车间一般耗用山羊绒 50 千克，单位成本 140.1 元；耗用腈纶毛条 100 千克，成本 20.5 元。填制凭证 1-2-22。

凭证 1-2-22

领 料 单

领料部门： 开票日期： 年 月 日 字第 0012 号

材料编号	材料名称	规格	单位	请领数量	实发数量	实际成本	
						单价	金额
用途		领料部门			发料部门		
		负责人		领料人	核准人		发料人

(八) 产品入库单

产品入库单又称库存商品(产成品)验收入库单，是由生产部门填制的，一式四联：第一联为存根；第二联供仓库记账；第三联供财会部门记账；第四联交统计部门。

生产车间将产成品(已完成全部生产过程，合乎标准规格和技术条件，可作为商品对外销售的产品)送仓库验收入库，并填写产成品验收入库单；仓库据以验收入库，清点无误、签章后，将产成品验收入库单的第三联和第四联送交财会部门和统计部门。

练习 2-19 2012 年 7 月 30 日，整理车间完工入库保暖内衣 700 套，全部合格，单位生产成本为 205 元；羊绒内衣 600 件，全部合格，单位生产成本为 140 元。填制凭证 1-2-23。

凭证 1-2-23

产品入库单

交库单位： 年 月 日 第 0102 号

产品名称	交验数量	检验结果		实收数量	计量单位	单位成本	金额
		合格	不合格				
合计							

生产车间 检验人 仓库经手人

练习 2-20 2012 年 7 月 31 日，整理车间完工入库保暖内衣 300 套，单位生产成本为 205 元；羊绒内衣 200 件，单位生产成本为 140 元。填制凭证 1-2-24。

凭证 1-2-24

产品入库单

交库单位： 年 月 日 第 0103 号

产品名称	交验数量	检验结果		实收数量	计量单位	单位成本	金额
		合格	不合格				
合计							

生产车间 检验人 仓库经手人

(九) 产品出库单

产品出库单是产品出库时填制的原始凭证。该凭证为复写凭证，一式三联或四联：第一联为销售纪录；第二联供财会部门据以登记产成品明细账；第三联供仓库记账，作为仓库明细账的依据；第四联为领用凭证。

练习 2-21 2012 年 7 月 30 日，销售给海大商场保暖内衣 500 套，羊绒内衣 350 件，结转销售成本。填制凭证 1-2-25。

练习 2-22 2012 年 7 月 31 日，销售给海大商场保暖内衣 300 套，羊绒内衣 250 件，结转销售成本。填制凭证 1-2-26。

凭证 1-2-25

产品出库单

用途： 年 月 日 第 080 号

产品名称	计量单位	数量	单位成本	金额
合 计				

记账 保管 检验 经手人

凭证 1-2-26

产品出库单

用途： 年 月 日 第 081 号

产品名称	计量单位	数量	单位成本	金额
合 计				

记账 保管 检验 经手人

实 验 小 结

本实验介绍了原始凭证的用途、内容、填制方法及要求，原始凭证的审核内容、规则及传递程序。

本实验重点训练常用自制原始凭证的填制方法。并了解对外来原始凭证的审核内容、规则，以及原始凭证在会计核算中的传递程序。

实验思考题

宏伟针织服装公司发生下列经济业务，应取得或填制哪些原始凭证？指出哪些是自制原始凭证，哪些是外来原始凭证。

(1) 从向新公司(一般纳税人)购买一批布料，按照购货合同，企业已签发转账支票付款。

(2) 上述布料已经到货，验收合格入库。

(3) 采购员高进出差，预借差旅费 3 000 元。

(4) 仓库发出服装 160 件。

(5) 销售服装 100 件给光明商场，已通过运输公司办理货物运输，现金支付运费 1 100 元。

(6) 收到光明商场的服装货款 24 000 元的支票一张。

(7) 出纳王红收到桦木公司包装物押金 1 000 元。

(8) 车间领用纽扣、拉链等配料。

(9) 高进出差返回，报销火车票费用 640 元，住宿费 2 000 元，余款退回。

(10) 整理车间将完工产品 1 500 件转入库房。

(11) 公司办公室从景晖商城购买一批办公用品，价值 980 元。

实验三　记账凭证的填制及审核

实验目的

通过本实验的训练，学生应了解记账凭证的种类、内容和传递程序，掌握收款凭证、付款凭证、转账凭证的用途、填制方法和审核要求。

实验要求

1. 了解记账凭证的种类和内容。
2. 掌握收款凭证、付款凭证、转账凭证的填制方法。
3. 掌握收款凭证、付款凭证、转账凭证的内容及审核要求。
4. 了解记账凭证在财务部门的传递程序。

实验内容

一、记账凭证的内容

记账凭证，俗称传票，是对经济业务按其性质加以归类、确定会计分录，并据以登记会计账簿的凭证。记账凭证必须具备以下基本要素：

(1) 填制凭证的日期。

(2) 凭证的名称和编号。

(3) 经济业务的摘要。

(4) 应记会计科目(包括一级科目、二级科目和明细科目)、方向及金额。

(5) 记账符号。

(6) 所附原始凭证的张数。

(7) 填制人员、稽核人员、记账人员和会计主管人员(收款凭证和付款凭证还应增加出纳人员)的签名或印章。

二、记账凭证的种类

(一) 按用途划分

1. 专用记账凭证

专用记账凭证是按经济业务的某种特定属性定向使用的凭证，共有 3 种：收款凭证、付款凭证、转账凭证。

(1) 收款凭证。专门用于登记现金和银行存款收入的业务。

(2) 付款凭证。专门用于登记现金和银行存款支出的业务。

(3) 转账凭证。专门用于登记现金和银行存款收付业务以外的转账业务。

2. 通用记账凭证

通用记账凭证是为各类经济业务共同使用的凭证，亦称作标准凭证，适用于业务比较单纯、业务量较少的单位。

(二) 按填制方法划分

(1) 复式记账凭证：将一项经济业务所涉及的各有关会计科目都集中在一起填制的凭证。

(2) 单式记账凭证：将一项经济业务所涉及的各个会计科目分别填制的凭证。

(3) 汇总记账凭证：将许多同类记账凭证逐日或定期(3 天、5 天、10 天等)加以汇总后填制的凭证。

三、记账凭证的填制

(一) 记账凭证填制的基本要求

(1) 审核无误。在对原始凭证审核无误的基础上填制记账凭证。

(2) 内容完整。记账凭证应该包括的内容都要具备。

(3) 分类正确。据经济业务的内容，正确区分不同类型的原始凭证，正确应用会计科目。

(4) 连续编号。记账凭证应该连续编号，每月从“1”开始。

(二) 记账凭证填制的具体要求

(1) 除结账和更正错误外，记账凭证必须附有原始凭证并注明原始凭证的张数。

(2) 一张原始凭证所列的支出需要由两个以上的单位共同负担时，应当由保存该原始凭证的单位开给其他应负担单位原始凭证分割单。

(3) 记账凭证的编号有多种方法。

(4) 填制记账凭证时如果发生错误，应当重新填制。

(5) 记账凭证填制完经济业务事项后，如有空行，应当在“金额”栏自最后一笔金额数字下的空行处至合计数上的空行处画线注销。

(6) 正确编制会计分录并保持借贷平衡。

(7) 摘要应与原始凭证内容一致，能正确反映经济业务的主要内容，表述简练精确。

(8) 只涉及现金和银行存款之间收付的经济业务，应以付款业务为主，只填制付款凭证，不填制收款凭证。

(三) 具体业务练习

发放标准的专用记账凭证(收款凭证 7 张，付款凭证 10 张，转账凭证 17 张)。

要求：根据下列发生的经济业务编制原始凭证。对这些原始凭证进行审核，再根据审核无误的原始凭证编制专用记账凭证，并签名。

练习 3-1 2012 年 7 月 5 日，收到华西化纤厂发来的锦纶短纤 8 000 千克，单价 40 元，运保费为 800 元。款项汇出。填制凭证 1-3-1～凭证 1-3-4。

凭证 1-3-1

增值税专用发票

No 4711183

开票日期：2012 年 7 月 5 日

<table>
<tr><td>购货单位</td><td colspan="5">名　　称：宏伟针织服装公司
纳税人登记号：246890000887766
地 址、电 话：滨城市白石路 30 号
开户行及账号：工商银行白石路办事处　098765432111</td><td>密码区</td><td colspan="2"></td></tr>
<tr><td>货物及应税劳务名称</td><td>规格型号</td><td>单位</td><td>数量</td><td>单价</td><td>金额</td><td>税率</td><td>税额</td></tr>
<tr><td>锦纶短纤</td><td></td><td>千克</td><td>8 000</td><td>40.00</td><td>320 000.00</td><td>17%</td><td>54 400.00</td></tr>
<tr><td>合计</td><td></td><td></td><td></td><td></td><td>320 000.00</td><td></td><td>￥54 400.00</td></tr>
<tr><td>价税合计(大写)</td><td colspan="7">叁拾柒万肆仟肆佰元整　　　(小写)￥374 400.00</td></tr>
<tr><td>销货单位</td><td colspan="5">名　　称：华西化纤厂
纳税人登记号：20585099892345
地 址、电 话：春城市平扬街 514 号
开户行及账号：工商银行春城市分行　3216543188</td><td>备注</td><td colspan="2">华西化纤厂
发票专用章</td></tr>
</table>

第一联：抵扣联 购货方扣税凭证

收款人：高权　　复核：曾里　　开票人：早地　　销货单位(章)

凭证 1-3-2

国内铁路货物运输保险凭证(甲)

被保险人：　　　　　　　　　　　　　　　　　　　　投保人：

货物运单号码	货物名称	件数重量	中转地	目的地	运输工具	起运日期	保险金额	保险费率/‰		保险费
								综合险	基本险	
	锦纶短纤	1								280.80

复核：　　　　签章：　　　　代理处：

凭证 1-3-3

铁路局运费杂费收据

付款单位或姓名：宏伟针织服装公司　　2012 年 7 月 5 日　　No 2435

原运输票票据	2012 年 7 月 5 日 第 3 号		办 理 种 别	
发站	春城		到　站	大连
车种车号			称　重	
货物名称	件　数	包　装	重　量	计 费 重 量
锦纶短纤	1		8 000 千克	
类别	费　率	数　量	金　额	附　记
过秤费				
合计金额(大写)：伍佰壹拾玖元贰角整			￥519.20	
收款单位：春城铁路局　　经办人：凡东				

凭证 1-3-4

中国工商银行信汇凭证(回单)

委托日期　2012 年 7 月 5 日　　　　流水号 2103

汇款方式		□普通　　□加急			
汇款人	全　称	宏伟针织服装公司	收款人	全　称	华西化纤厂
	账　号	098765432111		账　号	3216543188
	汇出行名称	工商银行白石路办事处		汇入行名称	工商银行春城市分行

金额		千	百	十	万	千	百	十	元	角	分
	(大写)人民币叁拾柒万伍仟贰佰元整		￥	3	7	5	2	0	0	0	0

	支付密码
	附加信息及用途：支付购买材料款
	客户签章

会计主管　　　　授权　　　　复核　　　　录入

练习 3-2　7 月 6 日，材料验收入库，填制凭证 1-3-5。

凭证 1-3-5

材料验收入库单

供应单位：

发票号：4711183　　　　　　　　年　　月　　日　　　　　　材收第 201 号

材料类别	名称	规格	计量单位	数量		单价	金额								
				应收	实收		百	十	万	千	百	十	元	角	分
检验结果 合格 检验员签章：				运杂费											
				合计											
备注															

仓库主管：　　　　　　　收料人：　　　　　　　经办人：

练习 3-3　7 月 12 日发放工资，填制凭证 1-3-6。

凭证 1-3-6

工资结算汇总表

年　　月　　日

部门	基本工资	岗位工资	工龄工资	各种补贴	应付工资	各种扣款	实付工资
生产车间工人							
车间管理人员							
行政管理人员							
销售机构人员							
合计							328 000

练习 3-4　根据上月公司生产计划，7 月 17 日，收到天立工厂发来的皮棉、腈纶毛条，运杂费 450 元（按重量比例分配）。款已汇出。填制凭证 1-3-7～凭证 1-3-10。

凭证 1-3-7

增值税专用发票

No 5511602

开票日期：2012 年 7 月 17 日

购货单位	名　　称：宏伟针织服装公司 纳税人登记号：246890000887766 地 址、电 话：滨城市白石路 30 号 开户行及账号：工商银行白石路办事处 098765432111	密码区	

货物及应税劳务名称	规格型号	单位	数量	单价	金额	税率	税额
皮棉		千克	1 000	28.00	28 000.00	17%	4 760.00
腈纶毛条		千克	4 000	18.00	72 000.00		12 240.00
合计					￥100 000.00		￥17 000.00
价税合计(大写)	壹拾壹万柒仟元整				(小写)￥117 000.00		

销货单位	名　　称：天立工厂 纳税人登记号：420585099892317 地 址、电 话：平洲市花园路 25 号 开户行及账号：建设银行平洲分行 1236543180	备注	天立工厂 发票专用章

第一联：抵扣联 购货方扣税凭证

收款人：王季　　　复核：包艾　　　开票人：　李阳　　　销货单位(章)

凭证 1-3-8

货物运费杂费收据

付款单位：宏伟针织服装公司

费用	计费重量/千克	费率	金额/元
装卸费			
搬运费			
运杂费	5 000		450.00
合计	5 000		￥450.00
人民币(大写)：肆佰伍拾元整			

收款单位：天立工厂　　结算员：柳雨　　2007 年 7 月 17 日

凭证 1-3-9

材料运(保)杂费分配表

2012 年 7 月 17 日

材料名称	分配标准/千克	分配率/%	分配额/元	备注
皮棉	1		90.00	
腈纶毛条	4		360.00	
	5	90.00	450.00	

凭证 1-3-10

中国工商银行信汇凭证(回单)

委托日期　2012 年 7 月 17 日　　流水号 891

汇款方式		☐普通 ☐加急			
汇款人	全称	宏伟针织服装公司	收款人	全称	天立工厂
	账号	098765432111		账号	1236543180
	汇出行名称	中国工商银行白石路办事处		汇入行名称	建设银行平洲分行
金额	(大写)人民币壹拾壹万柒仟肆佰伍拾元整				

千	百	十	万	千	百	十	元	角	分
	￥	1	1	7	4	5	0	0	0

支付密码

附加信息及用途：支付购买材料款

客户签章

会计主管　　授权　　复核　　录入

练习 3-5　7 月 18 日，皮棉、腈纶毛条验收入库。填制凭证 1-3-11。

凭证 1-3-11

材料验收入库单

供应单位：

发票号：4711184　　　　年　　月　　日　　　　材收第 202 号：

材料类别	名称	规格	计量单位	数量		单价	金额								
				应收	实收		百	十	万	千	百	十	元	角	分
检验结果 合格 检验员签章：				运杂费											
				合计											
备注															

仓库主管：　　　　收料人：　　　　经办人：

练习 3-6　7 月 28 日，收到银行转来付款通知，付滨城市自来水公司水费 2 800 元，税金 364 元。其中生产车间用水费用为 2 000 元，厂部用水费用为 800 元。该笔经济业务发生时涉及委托收款付款通知和专用发票发票联、抵扣联(略)等原始凭证。其中委托收款付款通知见表凭证 1-3-12。

凭证 1-3-12

委托银行收款结算凭证(付款通知)

付款期限　　年　　月　　日

委托日期 2012 年 7 月 28 日　　延期　　年　　月　　日

收款单位	全称	滨城市自来水公司	付款单位	全称	宏伟针织服装公司
	账号	07080018092687		账号	09876543211
	开户银行	工商银行云飞办		开户银行	工商银行白石路办事处

委托金额	人民币 (大写)叁仟壹佰陆拾肆元整	千	百	十	万	千	百	十	元	角	分
					¥	3	1	6	4	0	0

款项内容	水费	委托收款凭据名称	水费收据、发票	附寄单证张数	3
备注：					

单位主管　　会计　　复核　　记账　　付款单位开户银行盖章

练习 3-7　会计部门 7 月 31 日编制“工资费用分配表，并据此进行工资分配的核算，见表 1-3-1。

表 1-3-1 **工资费用分配表**

2012 年 7 月 31 日　　单位：元

车间或部门		应分配的工资额
生产车间	保暖内衣生产工人	80 000
	羊绒内衣生产工人	120 000
车间管理人员		36 000
行政管理人员		72 000
专设销售机构人员		20 000
合　计		328 000

会计主管：　　审核：　　制表：

练习 3-8　7 月 31 日，会计部门编制固定资产折旧计算表，见表 1-3-2。

表 1-3-2 **固定资产折旧计算表**

2012 年 7 月 31 日　　单位：元

固定资产使用部门	固定资产项目	本月应计提折旧额
生产车间	房屋建筑物	3 000
	机器设备	11 000
	小计	14 000
行政管理部门	房屋建筑物	6 000
	设备	3 000
	小计	9 000
合计		23 000

会计主管：　　审核：　　制表：

练习 3-9　7 月 31 日，汇总本月发生的制造费用按工人工资比例分配，转入生产成本，见表 1-3-3。

表 1-3-3 **制造费用分配表**

2012 年 7 月 31 日

产品名称	分配标准(工资/元)	分配率	分配额
保暖内衣	80 000		
羊绒内衣	120 000		
合　计	200 000		

会计主管：　　审核：　　制表：

练习 3-10　7 月 31 日，结转背心、家居服的销售成本，见凭证 1-3-13。

凭证 1-3-13

产品出库单

产品名称	计量单位	数量	单位成本/元	金额/元
背心	件	2 000	14.40	28 800
家居服	套	500	120.00	60 000
合计				

练习 3-11 7月31日，将收入类账户转入本年利润。

练习 3-12 7月31日，将费用类账户转入本年利润。

四、记账凭证填制的审核

记账凭证根据审核无误的原始凭证填制，是登记账簿的依据。为了保证账簿记录的质量，在登记账簿前必须认真审核记账凭证，使其正确无误。除记账凭证填制人员应对编制的记账凭证进行自审外，还应在会计部门建立必要的专人或互相审核制度。记账凭证的审核内容一般包括以下内容。

(1) 按原始凭证审核的要求，对所附的原始凭证进行复核。

(2) 审核记账凭证所附的原始凭证是否齐全，记账凭证内容是否同所附的原始凭证的内容相符。

(3) 审核会计分录是否正确，是否与经济内容相符，会计处理方法是否符合会计制度的规定。

(4) 记账凭证所需填制的项目是否完整，有关人员是否都已签字盖章。

在审核中如发现记账凭证填制错误，必须重新填制，或按照规定的办法加以更正。

练习 3-13 将本实验中填制的收款凭证、付款凭证和转账凭证交换进行审核，并在“稽核”处签名。

实验小结

本实验介绍了记账凭证的种类、内容、用途，专用记账凭证的填制要求及审核，记账凭证在财务部门的传递程序。

本实验重点训练收款凭证、付款凭证和转账凭证的区别、填制要求及审核；对于相互划转的经济业务填制凭证的规定。

实验思考题

1．根据实验二中发生的经济业务，企业应填制哪些专用记账凭证？

2．如果一笔经济业务需要填写3张记账凭证，凭证号应如何编制？

3．下列业务应在哪种记账凭证中填写？

(1) 出纳刘英从银行提取现金10 000元。

(2) 采购员李涛出差回来，报销3 810元，余款190元交回财务部门。

(3) 企业销售服装一批，货款为80 000元，增值税为13 600元，已收到货款50 000元，剩余货款对方开出一张2个月的商业汇票。

实验四　日记账的登记

实验目的

通过本实验的训练，学生应了解日记账的种类、内容、作用及登记依据，掌握特种日记账的登记要求及结账方法。

实验要求

1. 了解日记账的种类、内容。
2. 了解普通日记账和特种日记账的作用。
3. 掌握三栏式现金日记账、银行存款日记账的登记方法及结账方法。
4. 明确三栏式现金日记账、银行存款日记账的登记依据和人员。

实验内容

一、日记账的种类

日记账又称序时账，是对经济业务按其发生时间的先后顺序，逐日逐笔详细登记的账簿。日记账可以分为特种日记账和普通日记账两种。

特种日记账是为记录某一类经济业务专门设置的日记账。它的特点是对某些重要的、发生频繁的、需要经常查核的、性质相同的经济业务进行逐笔序时登记。常用的有现金日记账、银行存款日记账等。

二、特种日记账的登记方法

(一) 现金日记账的格式及登记方法

现金日记账的格式，见凭证 1-4-1。

凭证 1-4-1

现金日记账

第　　页

年		凭证号数	摘要	对方科目	借方									贷方									余额								
月	日				百	十	万	千	百	十	元	角	分	百	十	万	千	百	十	元	角	分	百	十	万	千	百	十	元	角	分

现金日记账为三栏订本式，由出纳人员根据收款凭证和付款凭证登记。具体登记步骤如下：

(1) 将发生经济业务的日期填入“日期”栏。年度记入该栏上端，“月”、“日”分别填入各小栏内，除年度、月份变动或使用新账页时需再填写年度和月份外，月度内记账可只填写“日”一栏。

(2) “凭证号数”栏内，登记该项经济业务所填制记账凭证的种类和编号。

(3) 在“摘要”栏内，简明地记入经济业务的内容。

(4) 根据记账凭证上的会计分录，在“对方科目”栏内填写对应科目的名称，表明该项经济业务的来龙去脉。

(5) 将现金收款凭证上应借科目的金额登记到“借方”栏，将现金付款凭证上应贷科目的金额登记到“贷方”栏。每日作结余，用现金日记账余额与库存现金实物核对。

(6) 每天终了，作日结。先在左后一笔业务下面画通栏单红线，在“摘要”栏写“本日合计”字样，将期初结存金额加本日收入金额减本日支出金额得出的余额，填入“余额”栏，再在下面画通栏单红线。

(7) 月末时，在本月登记的最后一笔经济业务下面画通栏单红线，在下一行“摘要”栏内写上“本月合计”字样，其“借方”栏数额为本月收入的合计数，“贷方” 栏数额为本月支出的合计数，月初余额加上本月借方合计数减去本月贷方合计数即为本月结存的现金余额，再在下面画通栏单红线。

(二) 银行存款日记账的格式及登记方法

银行存款日记账的格式及登记方法与现金日记账基本相同，所不同的仅是“结算方式”栏要根据银行的结算凭证(如支票、银行汇票、汇兑凭证、委托收款凭证等)来登记。

另外，银行存款日记账不用作日结，但每日终了要结出余额。银行存款日记账的格式，见凭证 1-4-2。

凭证 1-4-2

银行存款日记账

第　　页

年		凭证号数	结算方式	摘要	对方科目	借方									贷方									余额								
月	日					百	十	万	千	百	十	元	角	分	百	十	万	千	百	十	元	角	分	百	十	万	千	百	十	元	角	分

练习 4-1 根据实验三中填制并审核无误的收款凭证、付款凭证填制现金日记账和银行存款日记账，并进行结账(发放现金日记账账页 1 张、银行日记账账页 2 张)。

现金日记账期初余额为 1 000 元，银行存款日记账期初余额为 2 236 000 元。

实 验 小 结

本实验介绍了日记账的种类、内容及其在会计核算中的作用。

本实验重点训练三栏式现金日记账和银行存款日记账的登记方法和结账方法。

实验思考题

1. 日记账由财务部门的哪个岗位负责管理？“钱账分管”是什么意思？
2. 日记账是根据什么进行登记的？
3. 现金日记账和银行存款日记账的结账要求有什么不同？
4. 现金日记账应怎样核对？时间上有什么要求？
5. 银行存款日记账应怎样核对？时间上有什么要求？

实验五　明细账的登记

实验目的

通过本实验的训练，学生应了解明细账的种类及其在会计核算中的作用，掌握各种明细账的适用范围和登记方法，以及各种明细账的结账规则。

实验要求

1. 了解明细账的种类及设置。
2. 了解明细账的登记依据及内容。
3. 掌握三栏式明细账的适用范围、登记方法及结账要求。
4. 掌握数量金额式明细账的适用范围、登记方法及结账要求。
5. 掌握多栏式明细账的适用范围、登记方法及结账要求。

实验内容

一、明细账的登记要求

明细账也称明细分类账，是按每个明细科目设置并进行分类登记的账簿，是总分类账的补充。它一般根据记账凭证直接登记，但有时也可根据有关的原始凭证进行登记。明细账主要有三种格式，即三栏式、数量金额式和多栏式。

根据《会计基础工作规范》，登记账簿的基本要求如下。

(1) 准确完整。登记会计账簿时，应当将会计凭证日期、编号、业务内容摘要、金额和其他有关资料逐项记入账内，做到数字准确、摘要清楚、登记及时、字迹工整。

(2) 注明记账符号。登记完毕后，要在记账凭证上签名或者盖章，并在“记账符号”栏画“√”，表示该项目已经记账。

(3) 书写留空。账簿中书写的文字和数字上方要留有适当空格，不要写满格，书写靠格的底线，一般应占格距的1/2。这样，一旦发生登记错误时，可以在错误的文字或数字上方进行画线更正，也便于查账工作。

(4) 记账书写用笔要规范。登记账簿要用蓝、黑墨水或者碳素墨水书写，不得使用圆珠笔(银行的复写账簿除外)或者铅笔书写。

(5) 在下列情况下，可以使用红色墨水记账：

① 按照红字冲账的记账凭证，冲销错误记录；

② 在不设“借或贷”栏的多栏式账页中，登记减少数；

③ 在三栏式账户的“余额”栏前，如未印明余额方向的，在“余额”栏内登记负数余额；

④ 画“日结”、“月结”、“季结”、“年结”的结账线时；

⑤ 空行注销、空页注销时画注销线；

⑥ “应交税费——应交增值税”明细账户中，在“进项税额”专栏中用红字登记退回所购货物应冲销的进项税额；在“已交税金”专栏中用红字登记退回多交的增值税；在“销项税额”专栏中用红字登记退回销售货物应冲销的销项税额；“出口退税”专栏中用红字登记出口货物办理退税后发生退货或者退关而补交已退的税额。

(6) 顺序连续登记。各种账簿按页次顺序连续登记，不得跳行、隔页。如果发生跳行、隔页，应当将空行、空页画线注销，或者注明“此行空白”、“此页空白”字样，并由记账人员签名或者盖章。

(7) 结出余额。凡需要结出余额的账户，结出余额后，应当在“借或贷”栏内写明“借”或者“贷”字样。没有余额的账户，应当在“借或贷”栏内写“平”字，并在“余额”栏内的“元”位写“0”并在中间画一小横，即用“θ”表示。

(8) 前后页之间要衔接。每一页登记完毕结转下一页时，应当结出本页合计数及余额，写在本页最后一行和下页第一行有关栏内，并在“摘要”栏内注明“过次页”和“承前页”字样；也可以将本页合计数及金额只写在下一页第一行有关栏内，并在“摘要”栏内注明“承前页”字样。

另外，对需要结计本月发生额的账户，结计“过次页”的本页合计数应当为自本月初起至本页末止的发生额合计数；对需要结计本年累计发生额的账户，结计“过次页”的本页合计数应当为自年初起至本页末止的累计数；对既不需要结计本月发生额也不需要结计本年累计发生额的账户，可以只将每页末的余额结转次页。

二、三栏式明细账

三栏式明细账一般为活页式账簿，由会计人员登记。

三栏式明细账一般适用于只能或只需核算金额的账户，如“应收账款”、“应付账款”、“应交税费”、“本年利润”、“主营业务收入”、“实收资本”等账户。三栏式明细账的格式见凭证 1-5-1。

凭证 1-5-1

明细账

年		凭证号数	摘要	借方									贷方									借或贷	余额								
月	日			百	十	万	千	百	十	元	角	分	百	十	万	千	百	十	元	角	分		百	十	万	千	百	十	元	角	分

练习 5-1 (1) 发放三栏式明细账账页 4 张。

(2) 要求：以宏伟针织服装公司 2012 年 7 月发生的经济业务为依据，根据审核无误的记账凭证，分别登记“应收账款”、“其他应收款”、“应付账款”、“其他应付款”、“在途物资”、“主营业务收入”、“主营业务成本”明细账。

(3) 资料：2012 年 6 月 30 日宏伟针织服装公司的明细账余额见表 1-5-1。

表 1-5-1 相关的明细账余额 单位：元

总分类账	明细分类账	余额	
		借方	贷方
应收账款	北良公司	35 000	
	天星商场	55 000	
其他应收款	李佳	560.4	
在途物资	锦纶短纤	240 800	
	山羊绒	28 020	
	腈纶毛条	20 500	
应付账款	红林木材厂		237 000

三、数量金额式明细账

数量金额式明细账的账页在“收入”、“发出”和“结存”三栏内，再分别设置“数量”、“单价”、“金额”栏，由材料会计登记并管理，其格式见凭证 1-5-2。

凭证 1-5-2

材料明细账

名称及规格：　　　　　　　　　　　　　　　　　　计量单位：

年		凭证号数	摘　要	收　入			发　出			结　存		
月	日			数量	单价	金额	数量	单价	金额	数量	单价	金额

数量金额式明细账一般根据材料入库单，领料单，产品出、入库单等原始凭证进行登记。这种明细账一般适用于既要进行金额核算，又要进行实物数量核算的财产物资的明细核算，如“原材料”、“库存商品”等账户的明细核算。

练习 5-2 (1) 发放“材料”明细账账页 3 张，“库存商品”明细账账页 3 张。

(2) 要求：以宏伟针织服装公司 2012 年 7 月发生的经济业务为依据，根据审核无误的记账凭证和原始凭证，分别登记“原材料”、“库存商品”明细账。注意：发出材料采用先进先出法。

(3) 资料：2012 年 6 月 30 日，宏伟针织服装公司明细账的余额见表 1-5-2。

表 1-5-2 相关明细账余额

总分类账	明细分类账	期初余额		
		数量/千克	单价/元	金额/元
原材料	锦纶短纤	50	30.10	1 505
	山羊绒	260	140.10	36 426
	腈纶毛条	150	20.50	3 075
库存商品	羊绒内衣	15	140.00	2100
	背心	2 000	14.40	28 800
	家居服	500	120.00	60 000

四、多栏式明细账

多栏式明细账是在账页的“借方”、“贷方”分设若干专栏进行明细分类核算的账簿。多栏式明细账的格式可以根据管理需要灵活设计，其基本格式见凭证 1-5-3。

凭证 1-5-3

多栏式费用明细账

年		凭证号数	摘要	借　方						贷方	余额
月	日								借方合计		

这种明细账一般适用于只需要进行金额核算而不需要进行数量核算，并且管理上要求反映项目构成情况的成本费用类账户，如“制造费用”、“管理费用”、“生产成本”等账户。

练习 5-3 (1) 发放多栏式“费用”明细账账页 2 张，“生产成本”明细账账页 2 张，“应交增值税”明细账账页 2 张。

(2) 要求：以宏伟针织服装公司 2012 年 7 月发生的经济业务为依据，根据审核无误的记账凭证分别登记“制造费用”、“生产成本”、“管理费用”、“应交增值税”明细账。

(3) 资料：6 月 30 日，宏伟针织服装公司明细账余额见表 1-5-3。

表 1-5-3 相关明细账余额

单位：元

总分类账	明细分类账	余额	
		借方	贷方
应交税费	应交增值税		21 400
生产成本	保暖内衣	143 000	
	羊绒内衣	1 100	

实验小结

本实验主要介绍了明细账的种类，各种明细账的格式、适用范围、登记依据、登记方法和结账要求。

本实验重点练习三栏式明细账、数量金额式明细账、多栏式明细账的登记方法及结账方法。

实验思考题

1. 三栏式明细账一般用于哪些内容经济业务的核算？举例说明。《会计基础工作规范》中对登记及结账方法有什么要求？

2. 数量金额式明细账一般用于哪些内容经济业务的核算？举例说明。《会计基础工作规范》中对登记及结账方法有什么要求？

3. 多栏式明细账一般用于哪些内容经济业务的核算？举例说明。《会计基础工作规范》中对登记及结账方法有什么要求？

4. 明细账是根据什么开设的？反映什么信息？

实验六　科目汇总表的编制

实验目的

通过本实验的训练，学生应了解科目汇总表(或记账凭证汇总表)的作用，掌握科目汇总表(或记账凭证汇总表)的编制方法。

实验要求

1. 了解科目汇总表(或记账凭证汇总表)的作用。
2. 掌握科目汇总表(或记账凭证汇总表)的编制方法。

实验内容

一、科目汇总表的作用

科目汇总表又称记账凭证汇总表，是一种记账凭证。它是根据收款凭证、付款凭证和转账凭证，按照相同的账户归类，定期汇总计算每一账户的借方发生额和贷方发生额，并将发生额填入科目汇总表的相应栏目内。科目汇总表的作用是作为记账凭证与总分类账的中间环节，以减少总分类账的登记工作量。但由于该表是定期汇总计算每一账户的借方发生额和贷方发生额，因此不能反映账户的对应关系。科目汇总表的格式见表 1-6-1。

表 1-6-1 科目汇总表

20 年 月 日至 日汇总

会计科目	本期发生额		总账页次
	借 方	贷 方	
合 计			

记账凭证自 ~ 号 共 张

复核 制表

二、科目汇总表的编制方法

编制科目汇总表具体步骤如下。

(1) 将汇总期内各项经济业务所涉及的会计科目填制在科目汇总表的“会计科目”栏内，为了便于登记总分类账，会计科目的顺序按总分类账上会计科目的先后顺序填写。

(2) 根据汇总期内所有记账凭证，按会计科目分别加计借方发生额和贷方发生额，将其汇总数填在各相应会计科目的“借方”和“贷方”栏。

(3) 按会计科目汇总后，应加总借、贷方发生额，进行发生额的试算平衡。

科目汇总表的编制时间，应根据各企业、单位业务量而定，可以每月汇总一次编制一张，也可以 5 天、10 天或 15 天汇总一次。科目汇总表上还应注明据以编制的各种记账凭证的起讫字号，以备进行检查。

练习 6-1 根据实验三中审核无误的记账凭证，编制一张科目汇总表(发放标准的科目汇总表或记账凭证汇总表 1 张)。

实 验 小 结

本实验主要介绍科目汇总表(或记账凭证汇总表)的用途和编制方法。
本实验重点训练科目汇总表(或记账凭证汇总表)的编制方法。

实验思考题

科目汇总表(或记账凭证汇总表)的作用是什么？它有哪些不足？

实验七　总账的登记

实验目的

通过本实验的训练，学生应了解总账的内容及格式，了解不同会计核算组织程序下总账的登记依据和方法，掌握科目汇总表的会计核算组织程序。

实验要求

1. 了解总账的内容及格式。
2. 了解会计核算组织程序的种类、登记总账的依据和方法。
3. 掌握科目汇总表的会计核算组织程序。

实验内容

一、总账的格式及登记方法

总账又称总分类账，它是按一级会计科目即总分类会计科目设置并进行分类登记的账簿。总账能够全面、总括地反映和记录经济业务所引起的资金运动和财务收支的变动，并为编制会计报表提供数据。每个单位必须设置总分类账簿，由于总账是用来记载总括的核算数据的，因而只使用货币作为统一的计量单位。总账的格式一般采用三栏式，见凭证 1-7-1。

凭证 1-7-1

总　账

会计科目

年		凭证号数	摘要	借方									贷方									借或贷	余额								
月	日			百	十	万	千	百	十	元	角	分	百	十	万	千	百	十	元	角	分		百	十	万	千	百	十	元	角	分

二、会计核算组织程序

会计核算组织程序包括记账凭证会计核算组织程序、科目汇总表会计核算组织程序、汇总记账凭证核算组织程序和日记总账核算组织程序。各单位根据各自会计核算的特点选择使用。

(一) 记账凭证会计核算组织程序

记账凭证会计核算组织程序是最基本的会计核算组织程序，共特点是逐笔登记总账。

采用记账凭证会计核算组织程序的单位，直接根据记账凭证定期(3 天、5 天或 10 天)登记，在这种会计核算组织程序下应当尽可能地根据原始凭证编制原始凭证汇总表，根据原始凭证汇总表和原始凭证填制记账凭证，根据记账凭证登记总账。

(二) 科目汇总表会计核算组织程序

科目汇总表会计核算组织程序的特点是定期(每 10 天、15 天等)将所有记账凭证汇总编制成科目汇总表(或记账凭证汇总表)，然后再根据科目汇总表登记总账。科目汇总表的主要作用是作为记账凭证与总账的中间环节，以减少登记总账的工作量。

练习 7-1　(1) 发放三栏式总账账页 8 张。

(2) 根据实验三编制的记账凭证，采用记账凭证会计核算组织程序，月末一次登记总账。

(3) 根据实验六编制的科目汇总表(或记账凭证汇总表)，采用科目汇总表会计核算组织程序登记总账。

(4) 宏伟针织服装公司 2012 年 6 月 30 日各总账账户的期初余额见表 1-7-1。

表 1-7-1 总账账户的期初余额 单位：元

账户名称	借方余额	账户名称	贷方余额
库存现金	1 000	短期借款	650 000
银行存款	2 236 000	应付账款	237 000
应收账款	90 000	应交税费	21 400
其他应收款	560.4	实收资本	1 000 000
在途物资	289 320	资本公积	300 000
原材料	41 006	盈余公积	98 000
库存商品	90 900	利润分配	84 856
生产成本	144 100	本年利润	775 600
固定资产	355 300	累计折旧	81 330.4
合计	3 248 186.4	合计	3 248 186.4

实 验 小 结

本实验主要介绍了总账的格式、会计核算组织程序的种类和登记总账的方法。不同会计核算组织程序下，登记总账的依据不同，方法也不相同。业务不多的单位一般采用记账凭证会计核算组织程序，业务较多的单位一般采用科目汇总表会计核算组织程序。

本实验重点训练记账凭证会计核算组织程序和科目汇总表会计核算组织程序下，总账的登记方法。

实验思考题

1. 总账的登记依据是什么？总账的登记及结账有哪些要求？
2. 总账采用什么格式进行核算？
3. 总账是按照什么进行开设的？反映什么信息？
4. 总账与明细账是什么关系？

实验八　会计凭证的装订和保管

实验目的

通过本实验的训练，学生应掌握会计凭证的装订方法，了解会计凭证的保管要求。

实验要求

1. 掌握会计凭证的装订要求及方法。
2. 了解会计凭证的保管要求。

实验内容

一、会计凭证的装订要求

会计凭证装订是会计工作的内容之一，在会计实务中则是一项经常性的工作。会计凭证的装订应符合以下要求：

(1) 会计凭证装订之前，要检查每项记账凭证所附原始凭证的张数是否齐全，并且要对附件进行必要的外形加工。凡是超过记账凭证宽度和长度的原始凭证，都要整齐地折叠进去；凡是过窄、过短的附件，不能直接装订时，应先粘贴于专用的原始凭证粘贴纸上，然后再装订粘贴纸。

(2) 装订之前要检查记账凭证是否分月按自然数顺序连接编号，是否有调号或重号现象。

(3) 装订之前要思考一个月的会计凭证装订几册为好。每册的厚薄应基本保持一致，一般每册厚度在2～3厘米为宜，且不能把几张为一份的记账凭证拆开装订在两册之中，要做到易于翻阅而且美观。

(4) 所有的会计凭证每册都要用较结实的牛皮纸加具封面，并在封面上注明会计单位名称、会计凭证名称；此外，封面上还要填写凭证所反映的经济业务发生的年度、月份，凭证的起讫号码，本扎凭证为几分之几册或本月几册，本册为第几册。为慎重起见，还应在记账凭证封面上加盖单位负责人、财务负责人和装订人的印章，由装订人在装订线封签处签名或盖章。

二、会计凭证的装订方法

会计凭证的装订分手工装订和机器装订。这里主要介绍手工装订的两种方法。

第一种：加具封面，将科目汇总表附在会计凭证封面之下、会计凭证之前，磕迭整齐，用铁夹夹紧。将凭证向左上角磕齐后打孔，用线绳订好，将结打在背面，用纸条封好盖章。

第二种：将凭证封皮面向里对折，附在科目汇总表之上，将会计凭证放在科目汇总表之后，磕迭整齐，用铁夹夹紧。用线绳沿左侧距边2～3厘米处订好，再将对折的封皮打开，包在凭证后面，用胶水粘好。

三、会计凭证的保管

(一) 保管要求与方法

会计机构、会计人员应对按照《会计基础工作规范》会计凭证进行妥善保管。会计凭证的保管应遵循以下条例：

(1) 会计凭证应当及时传递，不得积压。

(2) 会计凭证登记完毕后，应当按照分类和编号顺序保管，不得散乱丢失。

(3) 记账凭证应当连同所附的原始凭证或者原始凭证汇总表，按照编号顺序折叠整齐，按期装订成册，并加具封面，注明单位名称、年度、月份和起讫日期、凭证种类、起讫号码，由装订人在装订线封签外签名或者盖章。

对数量过多的原始凭证，可以单独装订保管，在封面上注明记账凭证日期、编号、种类，同时在记账凭证上注明“附件另订”字样和原始凭证名称及编号。

各种经济合同、存出保证金收据及涉外文件等重要原始凭证，应当另编目录，单独登记保管，并在有关的记账凭证和原始凭证上相互注明日期和编号。

(4) 原始凭证不得外借，其他单位如因特殊原因使用原始凭证时，经本单位会计机构负责人、会计主管人员批准，可以复制。向外单位提供的原始凭证复印件，应当在专设的登记簿上登记，并由提供人员和收取人员共同签名或者盖章。

(5) 从外单位取得的原始凭证如有遗失、应当取得原开出单位盖有公章的证明，并注明原来凭证的号码、金额和内容等，由经办单位会计机构负责人、会计主管人员和单位领导人批准后，才能代作原始凭证。如果确实无法取得证明的，如火车、轮船、飞机票等凭证，由当事人写出详细情况，由经办单位会计机构负责人、会计主管人员和单位领导人批准后，代作原始凭证。

(6) 当年的会计档案在会计年度终了后，可暂时由本单位财会部门保管一年。期满后，原则上应由财会部门编造清册移交本单位档案部门。

(二) 保管期限

会计凭证的保管期限应符合 1998 年 8 月财政部和国家档案局联合发布的《会计档案管理办法》中的有关规定：会计档案的保管期限分为永久、定期两类。定期保管期限分为 3 年、5 年、10 年、15 年、25 年 5 类。企业和其他组织会计档案保管期限见表 1-8-1。

表 1-8-1　企业和其他组织会计档案保管期限表

序号	档案名称	保管期限	备注
一、	会计凭证类		
1	原始凭证	15 年	
2	记账凭证	15 年	
3	汇总凭证	15 年	
二、	会计账簿类		
4	总账	15 年	包括日记总账
5	日记账	15 年	现金和银行存款日记账保管 25 年
6	明细账	15 年	
7	固定资产卡片	15 年	固定资产报废后清理后保管 5 年
8	辅助账簿	15 年	
三、	财务报告类		包括各级主管部门汇总财务报告
9	月、季度财务报告	3 年	包括文字分析
10	年度财务报告（决算）	永久	包括文字分析
四、	其他类		
11	会计移交清册	15 年	
12	会计档案保管清册	永久	
13	会计档案销毁清册	永久	
14	银行余额调节表	5 年	
15	银行对账单	5 年	

注：上述保管期限从会计年度终了后的第一天算起。

（三）具体业务练习

根据实验三中填制并审核无误的收款凭证、付款凭证、转账凭证和实验六中编制的科目汇总表，对记账凭证进行装订。发放记账凭证封皮1张。

实验小结

本实验介绍了会计凭证的装订方法、会计凭证的保管要求和保管期限。

本实验重点训练会计凭证手工装订的方法。

实验思考题

1．会计凭证多长时间装订一次？装订时有什么要求？

2．装订好的会计凭证应如何保管？保管中有什么要求？

实验九　结账和编制会计报表

实验目的

通过本实验的训练，学生应了解结账的内容，掌握各种账簿的结账程序及结账方法，掌握利润表和资产负债表的编制方法。

实验要求

1. 了解结账的内容。
2. 掌握不同账簿的结账程序及结账方法。
3. 掌握利润表的编制方法。
4. 掌握资产负债表的编制方法。

实验内容

一、结账

结账是在将一定时期内发生的全部经济业务登记入账的基础上，计算并记录本期发生额和期末余额的经济活动。结账程序及方法如下：

(1) 结账前，必须将本期内所发生的各项经济业务全部登记入账。

(2) 结账时，应当结出每个账户的期末余额。需要结出当月发生额的，应当在“摘要”栏内注明“本月合计”字样，并在下面通栏画单红线。需要结出本年累计发生额的，应当在“摘要”栏内注明“本年累计”字样，并在下面通栏画单红线；12 月末的“本年累计”数额就是全年累计发生额，全年累计发生额下应当通栏画双红线，年度终了结账时，所有总账账户都应当结出全年发生额和年末余额。

(3) 具体结账要求如下：

① 对不需要按月结计本月发生额的账户，如各项应收款明细账和各项财产物资明细账等，每次记账以后，都要随时结出余额，每月最后一笔余额即为月末余额。月末结账时，只需要在最后一笔经济业务记录之下画单红线，不需要再结计一次余额。

② 现金、银行存款日记账和需要按月结计发生额的收入、费用等明细账，每月结账时，要在最后一笔经济业务记录下面画单红线，结出本月发生额和余额，在“摘要”栏内注明“本月合计”字样，在下面再画一条单红线。

③ 需要结计本年累计发生额的某些明细账户，如主营业务收入、成本明细账等，每月结账时，应在“本月合计”栏下结计自年初起至本月末止的累计发生额，登记在“月份发生额”下面，在“摘要”栏内注明“本年累计”字样，并在下面画单红线。12 月末的“本年累计”就是全年累计发生额，全年累计发生额下画双红线。

④ 总账账户平时只需要结计月末余额。年终结账时，为了反映全年各项资产、负债及所有者权益增减变动的全貌，便于核对账目，要将所有总账账户结计全年发生额和期末余额，在“摘要”栏内注明“本年合计”字样，并在合计数下画双红线。

⑤ 需要结计本月发生额的某些账户，如果本月只发生一笔经济业务，结账时，只要在此栏记录下画一条单红线，表示与下月的发生额分开就可以，不需要另结出“本月合计”数。

(4) 业务练习

要求：对实验四、实验五和实验七中登记的日记账、明细账和总账进行结账。

二、编制会计报表

(一) 会计报表编制程序

(1) 编制会计报表时，应先搜集、准备、整理有关资料，并对这些资料进行认真的审核，以保证资料的真实可靠。

(2) 按照规定的表格形式和项目内容逐项填写。其要求如下：

① 表首部分，要填明企业的名称、编报日期和计量单位。

② 表中的“年初数”栏内各项数字是根据上年年末会计报表“期末数”栏内各数字填列的。

③ “期末数”应按企业本期总账科目或明细科目期末余额填列或进行分析加工处理后填列。

(3) 项目填写完毕后，应计算出余额。

(二) 业务练习

要求：根据实验五和实验七中明细账和总账的结账结果，编制2012年7月宏伟针织服装公司的资产负债表和利润表。使用如下会计报表格式(表1-9-1和表1-9-2)或发放资产负债表、利润表各1张。相关资料见表1-9-3～表1-9-6。

表1-9-1 利 润 表

会企02表

编制单位：　　　　　　　　　年　　月　　　　　　　　　单位：元

项　目	行次	本月数	本年累计数
一、营业收入			
减：营业成本			
营业税金及附加			
销售费用			
管理费用			
财务费用			
资产减值损失			略
加：公允价值变动收益(损失以“—”号填列)			
投资收益(损失以“—”号填列)			
二、营业利润(亏损以“—”号填列)			
加：营业外收入			
减：营业外支出			
三、利润总额(亏损总额以“—”号填列)			
减：所得税费用			
四、净利润(净亏损以“—”号填列)			

表 1-9-2 资产负债表

会企 01 表

编制单位: 年 月 日 单位：元

资产	期末数	负债和所有者权益	期末数
流动资产：		流动负债：	
货币资金		短期借款	
应收账款		应付账款	
其他应收款		应付职工薪酬	
存货		应交税费	
流动资产合计		其他应付款	
固定资产：		流动负债合计	
		负债合计	
		所有者权益：	
		实收资本	
		资本公积	
		盈余公积	
非流动资产合计		未分配利润	
		所有者权益合计	
资产总计		负债和所有者权益总计	

实验小结

本实验介绍了各种会计账簿的结账方法，利润表和简单资产负债表的编制方法。

本实验重点训练三栏式明细账、数量金额式明细账、多栏式明细账和总账的月结、年结的结账方法；重点训练利润表和简单资产负债表的编制。

实验思考题

1．利润表的编制依据是什么？编制时有哪些要求？反映哪些信息？
2．资产负债表的编制依据是什么？编制时有哪些要求？反映哪些信息？
3．利润表和资产负债表有勾稽关系吗？如何勾稽？

表 1-9-3 专项实验会计分录 单位：元

练习	日期	凭证号数	凭证号数	科目名称		借方	贷方
				借方	贷方		
2-14	2	转 1	1	原材料——锦纶短纤 ——山羊绒	在途物资——锦纶短纤 ——山羊绒	240 800 28 020	240 800 28 020
2-1	3	付 1	2	库存现金	银行存款	28 000	28 000
2-2	4	付 2	3	应付账款——红林木材厂	银行存款	237 000	237 000
3-1	5	付 3	4	在途物资——锦纶短纤 应交税费——应交增值税(进项税额)	银行存款	320 800 54 400	375 200
3-2	6	转 2	5	原材料——锦纶短纤	在途物资——锦纶短纤	320 800	320 800
2-10	9	收 1	6	银行存款	主营业务收入——家居服 应交税费——应交增值税(销项税额)	105 300	90 000 15 300
2-16	10	转 3	7	生产成本——保暖内衣	原材料——锦纶短纤 ——腈纶毛条	62 250	60 200 2050
2-3	12	付 4	8	库存现金	银行存款	328 000	328 000
2-11	12	转 4	9	应收账款——大冷商贸公司	主营业务收入——保暖内衣 应交税费——应交增值税(销项税额)	599 040	512 000 87 040
3-3	12	付 5	10	应付职工薪酬	库存现金	328 000	328 000
2-15	13	转 5	11	原材料——腈纶毛条	在途物资——腈纶毛条	20 500	20 500
2-4	15	付 6	12	制造费用——电费	银行存款	5 000	5 000
3-4	17	付 7	13	在途物资——皮棉 ——腈纶毛条 应交税费——应交增值税(进项税额)	银行存款	28 090 72 360 17 000	117 450
3-5	18	转 6	14	原材料——皮棉 ——腈纶毛条	在途物资——皮棉 ——腈纶毛条	28 090 72 360	28 090 72 360
2-17	19	转 7	15	生产成本——羊绒内衣	原材料——锦纶短纤 ——山羊绒	114 270	72 240 42 030

续表

练习	日期	凭证号数	凭证号数	科目名称		借方	贷方
				借方	贷方		
2-5	21	收 2	16	银行存款		35 000	
					应收账款——北良公司		35 000
2-6	23	收 3	17	银行存款		23 400	
					应收账款——天星商场		23 400
2-12	26	收 3	18	银行存款		287 820	
					主营业务收入——羊绒内衣		246 000
					应交税费——应交增值税(销项税额)		41 820
2-7	27	收 5	19	库存现金		3 000	
					其他应付款——押金		3 000
2-8	27	收 6	20	库存现金		560.4	
					其他应收款——李佳		560.4
2-9	27	付 8	21	银行存款		3 560.4	
					库存现金		3 560.4
2-18	27	转 8	22	制造费用——材料费		9 055	
					原材料——山羊绒		7 005
					——腈纶毛条		2 050
3-6	28	付 9	23	制造费用——水费		2 000	
				管理费用——水费		800	
				应交税费——应交增值税(进项税额)		364	
					银行存款		3 164
2-13	30	收 10	24	银行存款		77 220	
					主营业务收入——背心		66 000
					应交税费——应交增值税(销项税额)		11220
2-19	30	转 9	25	库存商品——保暖内衣		143 500	
				——羊绒内衣		84 000	
					生产成本——保暖内衣		143 500
					——羊绒内衣		84 000
2-21	30	转 10	26	主营业务成本——保暖内衣		102 500	
				——羊绒内衣		49 000	
					库存商品——保暖内衣		102 500
					——羊绒内衣		49 000
3-7	31	转 11	27	生产成本——保暖内衣		80 000	
				——羊绒内衣		120 000	
				制造费用——工资		36 000	
				管理费用——工资		72 000	
				销售费用——工资		20 000	
					应付职工薪酬——工资		328 000
3-8	31	转 12	28	制造费用——折旧费		14 000	
				管理费用——折旧费		9 000	
					累计折旧		23 000

续表

练习	日期	凭证号数	凭证号数	科目名称		借方	贷方
				借方	贷方		
3-9	31	转 13	29	生产成本——保暖内衣 ——羊绒内衣	制造费用	26 422 39 633	66 055
2-20	31	转 14	30	库存商品——保暖内衣 ——羊绒内衣	生产成本——保暖内衣 ——羊绒内衣	61 500 28 000	61 500 28 000
2-22	31	转 15	31	主营业务成本——保暖内衣 ——羊绒内衣	库存商品——保暖内衣 ——羊绒内衣	61 500 35 000	61 500 35 000
3-10	31	转 16	32	主营业务成本——背心 ——家居服	库存商品——背心 ——家居服	28 800 60 000	28 800 60 000
3-11	31	转 17	33	主营业务收入	本年利润	914 000	914 000
3-12	31	转 18	34	本年利润	主营业务成本 管理费用 销售费用	438 600	336 800 81 800 20 000

表 1-9-4　科目汇总表

2012 年 7 月 1 日至 31 日汇总　　单位：元

会计科目	本期发生额		总账页次
	借方	贷方	
库存现金	359 560.40	331 560.40	
银行存款	532 300.40	1 093 814.00	
应收账款	599 040.00	58 400.00	
其他应收款		3 000.00	
在途物资	421 250.00	710 570.00	
原材料	710 570.00	185 575.00	
库存商品	317 000.00	336 800.00	
累计折旧		23 000.00	
应付账款	237 000.00		
其他应付款		3 000.00	
应交税费	71 764.00	155 380.00	
应付职工薪酬	328 000.00	328 000.00	
本年利润	438 600.00	914 000.00	
制造费用	66 055.00	66 055.00	
生产成本	442 575.00	317 000.00	
主营业务收入	914 000.00	914 000.00	

续表

会计科目	本期发生额		总账页次
	借方	贷方	
主营业务成本	336 800.00	336 800.00	
管理费用	81 800.00	81 800.00	
销售费用	20 000.00	20 000.00	
合　计	5 876 314.80	5 876 314.80	

记账凭证自 1 ～ 号 共 34 张

复核　　　　制表

表 1-9-5 利 润 表

会企 02 表

编制单位：宏伟针织服装公司　　2012 年 7 月　　单位：元

项目	行次	本月数	本年累计数
一、营业收入		914 000.00	
减：营业成本		336 800.00	
营业税金及附加		—	
销售费用		20 000.00	
管理费用		81 800.00	
财务费用		—	
资产减值损失		—	
加：公允价值变动收益(损失以“—”号填列)		—	略
投资收益(损失以“—”号填列)		—	
二、营业利润(亏损以“—”号填列)		475 400.00	
加：营业外收入		—	
减：营业外支出		—	
三、利润总额(亏损总额以“—”号填列)		475400.00	
减：所得税费用		—	
四、净利润(净亏损以“—”号填列)		475400.00	

表 1-9-6 资产负债表

会企 01 表

编制单位：宏伟针织服装公司　　2012 年 7 月 31 日　　单位：元

资产	期末数	负债和所有者权益	期末数
流动资产：		流动负债：	
货币资金	1 703 486.40	短期借款	650 000.00
应收账款	630 640.00	应付账款	
其他应收款	—	应付职工薪酬	
存货	906 776.00	应交税费	105 016.00
流动资产合计	3 240 902.40	其他应付款	3 000.00
非流动资产：		流动负债合计	758 016.00
固定资产	250 969.60	负债合计	758 016.00
非流动资产合计	250 969.60	所有者权益：	
		实收资本	1 000 000.00
		资本公积	300 000.00
		盈余公积	98 000.00
		未分配利润	1 335 856.00
		所有者权益合计	2 733 856.00
资产总计	3 491 872.00	负债和所有者权益总计	3 491 872.00

实验十　会计岗位综合实验

实验目的

通过本实验的训练，学生应了解企业会计实际工作中的岗位设置，各岗位的工作职责及工作内容，熟悉财务部门各岗位之间的分工与协作关系，熟悉各自承担的会计岗位工作内容，掌握会计核算基本方法及程序。

实验要求

1. 将全班同学分成若干组，每组 6 人，推选组长为财务科长。在财务科中设置以下 6 个岗位：

(1) 财务科长兼主管会计。负责全面工作，包括审核凭证、登记总账、编制会计报表。

(2) 出纳岗位。编制收、付款凭证，负责登记现金日记账、银行存款日记账。负责编制科目汇总表(每月编制两次)。

(3) 财产物资岗位。负责材料、库存商品、固定资产相关业务的记账凭证的编制，明细账的登记。

(4) 往来及税金岗位。负责应收账款、其他应收款、应付账款、应交税金(增值税、城市维护建设税)相关业务会计凭证的编制，登记明细账。

(5) 成本岗位。负责生产成本、制造费用、应付职工薪酬相关业务会计凭证的编制，登记明细账。

(6) 销售、利润岗位。负责主营业务收入、主营业务成本、营业税金及附加、管理费用、销售费用、财务费用、本年利润、所得税费用、利润分配、应付利润的会计凭证的编制，明细账的登记。

2. 该企业采用科目汇总表账务处理程序进行会计处理。具体程序如下：

(1) 根据原始凭证或原始凭证汇总表编制记账凭证。

(2) 根据收款凭证、付款凭证登记现金、银行存款日记账。

(3) 根据记账凭证和原始凭证登记各种明细账。

(4) 根据记账凭证定期编制科目汇总表。

(5) 根据科目汇总表登记总账。

(6) 日记账、明细账分别与总账定期核对。

(7) 根据总账、明细账和其他有关资料编制会计报表。

最后，对所填制的凭证、登记的账簿、编制的会计报表进行整理并装订成册。

实验内容

一、出纳岗位

出纳是指企事业单位现金、票据的付出与收进。从事出纳工作的会计人员称为出纳人员。

1. 出纳岗位工作的特点

出纳工作的主要内容是根据国家的有关法律、制度和规定，收付和保管本单位的现金、票据、有价证券、财务印章并处理有关的账务。出纳岗位工作的主要特点如下。

1) 社会性

一般企事业单位的出纳人员，由于经办货币资金的收付业务，必须与客户、银行等外部单位或个人发生联系；而业务量大的企事业单位更是与社会各阶层、各单位及个人有着更广泛、密切的接触，因此具有社会性。

2) 技术性

出纳人员无论是手工操作还是使用电子计算机等现代化办公设备，都必须掌握专门的操作技术，按照专门的工作程序和有关规定，正确完成凭证填制、账簿记录及款项收付等一系列工作。因此出纳工作具有较强的专业性、技术性。

3) 政策性

由于出纳工作的主要对象是流动性强的支付手段——货币资金，因此在收付、清点、交接、运送、保管货币资金和有价证券的过程中，要求出纳人员不能出现丝毫差错，以保护企业财产的安全完整。要做到这一点，就要求出纳人员具有高度的政策性、责任心及强烈的风险意识，严格按照有关政策、法规办事，严格遵守财经纪律和操作规程。

4) 时效性

出纳工作讲求及时、高效。对于一般企业来讲，差旅费的报销、工资的发放、银行对账单的核对、现金的送存及有关结算凭证的送取等，都要求及时办理；特别是有些重要业务更是要求限时办理。因此，出纳岗位更强调时效性，以提高工作效率。

2. 出纳岗位工作的职责

1) 办理现金收付和银行结算业务

严格按照国家有关现金结算制度的规定，根据稽核人员审核签章的收付款凭证进行复核，办理款项收付。对于重大的开支项目，必须经过会计主管人员、总会计师或单位领导审核签章，方可办理。收付款后，要在收付款凭证上签章“收讫”戳记。

库存现金不得超过银行核定的限额，超过部分要及时存入银行，不得以“白条”抵充库存现金，更不得任意挪用现金。

2) 登记现金和银行存款日记账

根据已经办理完毕且由会计审核无误并签名的收款凭证、付款凭证逐笔顺序登记现金日记账和银行存款日记账，并每日结出余额。现金的账面余额每日要同库存现金核对相符，做到日清月结、账证相符、账账(总账)相符、账款相符。银行存款账面余额要及时与银行对账单核对。月末，对于未达账项要编制银行存款余额调节表，使账面余额与对账单上的余额调节相符。

要随时掌握银行存款余额，不准签发空头支票。不准将银行账户出租、出借给任何单位或个人办理结算。

出纳人员不得兼管收入、费用、债权、债务账簿的登记工作及稽核工作和会计档案保管工作。

3) 保管库存现金和各种有价证券

对于库存现金和各种有价证券，要确保其安全和完整无缺。如有短缺，要负赔偿责任。要保密保险柜密码，保管好钥匙，不得任意转交他人。

4) 保管有关印章、空白收据和空白支票

出纳人员对所管印章必须妥善保管，严格按照规定用途使用。但签发支票所使用的各种印章不得全部交由出纳人员一人保管。对于空白收据和空白支票必须严格管理，建立登记领用制度，负责办理领用注销手续。

二、存货核算岗位

存货是指企业在生产经营过程中持有已备出售，或者仍然处在生产过程，或者在生产或提供劳务过程中将消耗的材料或物料，包括各类材料、商品、在产品、半成品、产成品及包装物、低值易耗品等。存货属于企业的重要资产，其特点是数量多、价值高、保管和使用地点分散。因此，应设置存货岗位加强对存货的核算和管理。

存货的岗位职责如下。

(1) 会同有关部门拟定存货管理与核算实施办法。对于原材料、燃料、包装物、低值易耗品、委托加工材料等各类材料的收发、领退和保管，都要会同材料管理部门规定手续制度，明确责任。

(2) 审核汇编材料采购用款计划，控制材料采购成本。根据生产经营计划、财务成本计划，结合材料库存和供应情况，认真审核材料供应计划和供货合同，并结合核定的资金定额，审查汇编材料采购用款计划，严格执行，防止盲目采购。对超计划用款，要经过批准。

(3) 负责存货的明细核算和有关的往来结算业务。认真审核各类材料的收发凭证，按材料的保管地点、类别、品种、规格登记明细账。要协助使用部门建立低值易耗品的领用和报废的登记、以旧换新、损坏赔偿、定期盘点等制度。对出租、出借的包装物、要按规定收取租金和押金。加强对低值易耗品和包装物的管理。

对购入的材料，要认真审查发票、账单等结算凭证，及时办理结算手续，核算采购成本和费用。对在途材料要督促清理催收，对已验收入库但尚未付款的材料，月终要估价入账。

对材料物资采购付款、验收入库与领用等经济业务进行会计处理，登记和结算材料物资采购明细账、材料明细账，定期与总账核对，做到账账相符。

(4) 配合有关部门制定材料消耗定额。制定材料消耗定额要先进合理，要随着生产技术条件的改变，及时加以修订，促进合理节约使用材料。

(5) 会同有关部门编制材料计划成本目录。采用计划成本进行材料日常核算的单位，要编制计划成本目录。材料计划成本要尽可能接近实际。如果材料的实际成本与计划成本相差较大，要及时进行调整。

(6) 参与存货的清查盘点。要定期、不定期地对材料组织轮番盘点，对于超过正常储备和呆滞积压的材料，要分析原因，分别不同情况经批准后进行处理。

定期对企业材料物资库存数量进行清查盘点，并对盘盈、盘亏的材料物资及时查明原因，报经有关部门批准后进行会计处理，做到账实相符。如果期末材料物资的实际成本高于可变现净值，应采用备抵法计提存货跌价准备，并在资产负债表上披露；月末对于材料物资采购明细账中只有借方记录而无贷方记录的，即在途物资，应逐笔转入下月的材料采购明细账，以便下月收料时作贷方的记录。

(7) 分析存货的储备情况。要经常深入仓库了解材料、低值易耗品等的储备情况，对于超过正常储备和呆滞积压的材料、低值易耗品等，要分析原因，提出处理意见和建议，督促有关部门处理，对于材料保管不善和挪用库存材料造成损失浪费的，要向领导报告，追查责任。

三、往来结算核算岗位

往来结算是企业会计工作的重要环节。在企业一方面负债水平居高不下；另一方面又沉淀大量债权资产的情况下，作为企业的财会人员，尤其是往来结算岗位上的工作人员，熟悉往来结算管理的策略与技巧，掌握往来结算账务处理的具体方法，确实十分必要。

往来结算岗位职责如下。

(1) 建立往来款项清理手续制度。对购销业务产生的应收账款、应付账款、预收账款等，以及购销业务外的暂收、暂付、其他应收、其他应付、备用金等往来款项，要建立必要的清理手续制度，加强管理，及时清理。

(2) 办理往来款项的结算业务。对购销业务及购销业务外的应收、暂付款项，要及时催收结算；应收暂付款要加紧清偿。定期与有关债权人和债务人核对，做到账款相符；定期向会计主管人员报告有关应收款及应付款的各种信息，以便采取有效措施，及时收回应收款，加速企业流动资产周转，及时支付应付款，维护企业的信誉；年末，分析各项应收账款的特性、金额大小、信用期限、债务人的信誉状况和经营情况等因素，应采用应收账款余额百分比法等方法，计提坏账准备，并在资产负债表上披露；期末，对企业已贴现尚未到期的商业承兑汇票应在会计报表附注中进行披露。

实行备用金制度的单位，要核对备用金定额，及时办理领用和报废手续，加强管理。对预借的差旅费，要督促及时办理报销手续，收回余额，不得拖欠，不准挪用。要按照规定的开支标准，严格审查有关支出。

(3) 负责往来结算的明细账核算。对购销业务按照单位或个人设置明细账；对购销业务外的应收、暂付款项，按照单位、个人或内容等设置明细账。根据审核无误的记账凭证逐笔顺序登记，并经常核对余额。定期与总账核对，做到账账相符；定期与有关债权人和债务人核对，做到账款相符；年终要抄列清单，并向领导或有关部门报告。

四、职工薪酬核算岗位

工资薪酬是企业必不可少的一项重要费用，正确进行工资的核算是保证企业会计核算信息真实和公允的重要前提，也是正确计算企业成本的基础。而能够将各部门和各岗位人员的工资费用进行正确的归集和分配，一定需要很强的专业能力。

职工薪酬是指企业根据有关规定应付给职工的各种薪酬，包括职工工资、奖金、津贴和补贴，职工福利费、医疗、养老、失业、工伤、生育等社会保险费，住房公积金，工会经费，职工教育经费，非货币性福利等因职工提供服务而产生的义务。

职工薪酬岗位职责如下。

(1) 监督工资计划的执行。根据批准的工资计划，会同劳动人事部门，严格控制工资和各种奖金的支付、分析工资计划的执行情况。对违反工资政策，超过工资计划，以及不按规定滥发津贴、奖金的，要予以制止，或向领导和有关部门报告。

(2) 审核发放工资奖金。根据实有职工人数、工资等级和工资标准，审核工资计算表，办理代扣款项，计算实发工资。根据规定审查奖金计算表，按照车间和部门归类，编制工资、奖金汇总表填制记账凭证，经审核后，通过银行划入职工工资卡中。

(3) 负责工资分配核算。按照工资支付对象和成本核算的要求，编制工资分配表，填制记账凭证，并向有关核算岗位提供工资分配的明细资料。

(4) 计算提取与工资有关的费用。根据企业人事部门提供的职工工资档案材料和统计部门提供的职工考勤统计或产量统计及国家或企业其他有关规定，分别计算该月每一职工的计时工资或计件工资，并按国家规定的标准(若没有标准的企业应根据历史经验数据和实际情况)计算并缴纳医疗保险费、养老保险费、失业保险费、工伤保险费、生育保险费和住房公积金，并编制各部门工资结算明细表和企业工资结算汇总表；根据工资结算汇总表所列“实发工资”数额填列工资支付专用凭证进行转账结算和会计处理；根据工资总额的一定比例计算工会经费和职工教育经费等。登记应付职工薪酬各明细账。

(5) 非货币性福利及其他职工薪酬的核算。

五、生产成本核算岗位

成本是指企业为生产产品、提供劳务而发生的各种耗费。成本核算是指对企业生产经营过中发生的生产费用按照一定的对象和标准进行归集和分配，并采用相适应的成本计算方法计算出各种产品的实际总成本和单位成本的过程。成本是企业的命脉，它的高低直接决定着企业的盈利水平。因此，每个企业都必须搞好成本核算工作。

建立健全成本核算的职能机构和组织体系。成本核算的职能机构是处理成本工作的职能单位，它的设置应考虑企业的规模和成本管理的要求。一般大中型企业可以单独设置成本处、科或组，小型企业可以在会计机构中只配备成本核算人员来处理成本核算工作。成本核算的组织体系则应根据成本管理和内部经济责任制的要求而建立。大中型企业一般都要实行厂部和车间两级成本核算，小型企业及内部经济责任制不要求单独核算车间成本的企业，可以实行厂部一级成本核算。

成本核算岗位职责如下。

(1) 拟定成本核算办法。根据国家发布的与成本核算有关的规定，结合本单位生产经营的特点和管理的需要，拟定本单位的成本核算办法。

(2) 编制成本、费用计划。根据本单位的生产经营计划中降低成本的要求，结合本单位实际情况，挖掘潜力以降低成本、费用，编制成本、费用计划，并按年、按季、按月将指标分解，层层落实，实行归口分级管理，组织成本、费用计划的实现。

(3) 加强成本管理的基础工作。积极会同有关部门，建立健全各项原始记录、定额管理和计量检验等制度，为正确计算成本、加强成本管理提供可靠的依据。

(4) 核算产品成本。严格按照现行的有关规定，正确划分收益性支出与资本性支出、产品生产费用与期间费用、不同会计期间、不同产品品种费用、完工产品与在产品费用界限；根据企业生产特点和经营规模大小，合理设置产品成本项目，一般情况下，可设置以下成本项目：直接材料——企业生产经营过程中实际消耗的原材料及主要材料、辅助材料、备品配件、外购件、燃料及其他直接材料(注：后一车间领用前一车间的自制半成品的实际成本归集于后一车间成本计算单的“直接材料”成本项目)，直接动力——企业生产经营过程中直接消耗的电力等，直接人工——企业从事产品生产人员的工资、奖金、津贴及直接从事产品生产人员职工福利费，制造费用——企业各个生产车间为组织和管理生产所发生的生产车间管理人员工资、职工福利费、车间固定资产折旧费、机物料消耗、低值易耗品消耗等；对于各辅助车间为基本生产车间和其他部门提供劳务所发生的各项生产费用，可根据企业的具体情况分别采用直接分配法、一次交互分配法、顺序分配法、代数分配法等按受益数量在受益车间或部门进行分配；对于各生产车间发生的制造费用，应采用实际工时比例法在各种产品之间进行分配；对于实行车间和部门两级成本核算的企业，各车间成本计算可采用简单法计算，厂部成本应采用逐步结转分步法计算；根据成本计算程序分别进行相应的会计处理；登记和结算待摊费用、预提费用、制造费用、生产成本明细账；根据本期成本计算单和其他有关资料编制产品成本表，并计算可比产品成本降低额和可比产品成本降低率。

凡是《成本管理条例》规定不准列入成本的开支，都不得计入产品成本。要按照规定的成本费用项目和成本核算对象，登记成本、费用明细账。

(5) 编制成本、费用报表，进行成本、费用的分析和考核。根据账簿记录、成本计划和上年的成本、费用等有关资料，按照规定编制各种成本费用报表，并分析成本、费用计划的执行情况和升降的原因，预测成本发展趋势，对照同行业的成本、费用资料，提出降低成本、费用的途径和加强成本管理的建议。

(6) 协助管理在产品和自制半成品。协助有关部门建立在产品台账和半成品登记簿，对在产品的内部转移和半成品的入库出库都要认真登记，对在产品和自制半成品要定期盘点，做到账实相符。

(7) 开展部门、车间和班组的经济核算。根据分解下达的成本、费用计划指标，层层落实到班组或个人，采取多种形式，开展部门、车间和班组的群众性经济核算，贯彻经济责任制。

六、资金核算岗位

资金岗位即理财岗位，是企业会计核算中的一个重要岗位，它主要是对筹资、投资及所有者权益类业务进行处理并进行明细核算。

资金是企业从事持续经营活动的基本条件，而资金的投入、运用、回收和分配贯穿于企业资金运动的整个过程。没有资金的投入、运用、回收和分配，企业就无法生存和发展。因此，企业要想从事生产经营活动，就必须在首先取得资金的基础上，不断地努力寻求和开拓更多的资金筹集渠道，不断地追加投资、扩大规模、谋求规模效益，以适应市场激烈竞争的需要，此外，为了获得本企业经营活动以外的经济利益，或者为了开拓新的市场、扩大影响、提高本企业声誉，或者为了实现企业的长远发展战略等，企业又会以购买股票、债券等方式，将本企业的资产或资金投入到其他企业，从而产生投资活动。因此，筹资、投资及所有者权益业务的发生和处理，就构成了资金岗位工作的重要内容。资金岗位工作的好坏对企业具有十分重要的意义，它不仅关系着企业的盈利水平，而且直接影响着企业的生存和发展。

资金岗位职责如下。

(1) 拟定筹资、投资及资金管理与核算的实施办法。要划清各项资金的界限，根据管理结合和资金归口管理的要求，拟定资金管理与核算实施办法，并组织有关部门贯彻执行。

(2) 编制筹资、投资计划并分解落实。

(3) 会同有关部门核定资金定额。根据本企业的生产经营计划和上级下达加速资金周转的要求，会同有关部门分别核定各项资金定额，并层层落实。

(4) 编制资金计划和银行借款计划。根据供、产、销等各项计划，按照“以销定产、以产定购、以购定资”的原则，在审核平衡的基础上，按年、按季、按月分别编制资金计划和银行借款计划。

(5) 正确核算、处理筹资、投资以及所有者权益类业务。对固定资产的购建、计提固定资产折旧和减值准备、固定资产清查和处置等经济业务进行会计处理，登记和结算工程物资、在建工程和固定资产明细账。对不同类别的对外投资，采用不同的方法进行日常核算，期末作应计投资收益的账务处理，并对持有至到期投资、长期股权投资发生的减值，计提减值准备；对交易性金融资产、可供出售金融资产公允价值变动进行会计处理。对银行借款的借入、计息与还本付息进行会计处理；对应付债券的发行、计息及兑付进行会计处理；对投资者投入资本及变动进行会计处理；登记和结算短期借款、长期借款、应付债券、股本等明细账。

(6) 负责资金调度，组织资金供应、考核资金使用效果。经常深入有关部门和车间、仓库，了解资金占用情况，掌握动态。定期召开资金调度会议，研究筹措资金的措施，合理供应资金。定期考核各环节的资金占用水平和周转状况，提出挖掘资金潜力的建议，不断加速资金周转。

(7) 上缴各种款项。应该上交财政和上级的各种款项，要及时办理解缴手续。

(8) 负责资金核算，编制资金报表。对资金的增减变动情况要及时记账，按照规定编制报表，正确反映资金动态。

七、财务成果核算岗位

财务成果是企业在一定时期内生产经营活动的最终成果，表现为利润或亏损，它是衡量企业生产经营管理水平的一项综合性指标。

财务成果的核算属于企业资金运动过程中资金收回阶段的核算。企业最终的财务成果一般表现为利润，而企业的利润又主要来自营业利润。因此，正确地对企业利润进行确认与计量对于准确反映企业经营成果、保证会计信息质量、依法纳税及进行利润分配等环节都具有非常重要的意义。财务成果岗位的设置确有必要，其岗位的重要性对从事该岗位工作的会计人员提出了更高的要求。

财务成果核算岗位职责如下。

(1) 编制利润计划。根据企业的利润控制指标，编制利润计划，并落实到有关部门，经常监督检查，保证计划的实现。

(2) 办理销售款项的结算业务。认真审查销售的有关凭证，严格按照销售合同、国家政策允许的价格和银行结算制度，及时办理销售款项的结算，催收销售货款。对任意提价、削价等非法行为，要加以制止，并向领导报告。发生销售纠纷，货款被拒收时，要通知有关部门及时处理。

(3) 负责销售和利润的明细核算。根据销货发票等有关凭证，正确计算销售收入、成本、费用、税金及附加和利润及其他各项收支，按照国家有关规定严格审查营业外支出。按规定计算利润总额，计算应付税金、应付利润和企业留利，登记有关明细账，做到账实、账账相符。

(4) 编制利润报表，进行利润的分析和考核。根据账簿记录和有关资料，编制有关的利润报表。分析考核利润计划的执行情况，找出偏离计划的原因，预测市场销售情况和增加利润的前景，提出扩大销售、增收节支和增加利润的建议和措施。

(5) 协助有关部门对产品进行清查盘点。要建立健全产成品的出入库和保管制度。要经常深入仓库，协助有关部门对库存产品平时进行轮番盘点，年终进行全面清查。对产成品的盘盈、盘亏和报废要认真核实，按照批准权限和审核程序办理批准手续，进行账务处理。

八、总账报表岗位

为完成本单位总账及其相应的各种账簿的建账、记账和对账等工作，并根据总账记录编制各种会计报表，以提供财务信息，各单位一般都需要设置总账报表岗位。该岗位在整个会计岗位中处于核心地位，它与各个会计岗位都有着信息交流与传递关系，处理具体经济业务的各种会计岗位最终都要将会计资料和财务信息集中于总账稽核报表岗位，各种会计凭证和有关账表都要由总账报表岗位进行审核和复核；反映企业整体财务状况和经营成果的信息，最终要由总账报表岗位完成并提供。因此，总账稽核报表岗位工作在会计核算工作中具有不可替代的重要作用。

总账报表岗位的作用如下。

(1) 聚集信息。各会计岗位提供的会计资料记载着各种经济活动发生的先后顺序，经总账报表岗位分类汇总后，可以提供序时的历史资料。同时各种会计资料集中于总账报表岗位后，总账报表岗位通过进行总括的会计核算，又可以得到经济活动的总括指标，从而使管理人员能够掌握企业各项财产物资的增减变动情况，有利于监督和保护企业物资的安全完整和合理使用，为控制企业生产经营活动的进程提供依据。

(2) 核查信息。总账和各种明细账、日记账之间，总账内部的各账户之间，总账和各种报表之间都存在着一定的勾稽关系。根据这种勾稽关系进行核对检查，可以揭示会计机构所处理的各种会计信息的正确性，及时发现、找出记账错误和业务处理过程中存在的错误，为全面正确地披露财务信息提供保证。因此，总账报表岗位具有核查会计信息、过滤会计信息、确保会计信息真实正确的作用。

(3) 披露信息。总账报表岗位聚集的各类信息按不同的经济业务性质进行分类登记，这些分类登记的信息可以综合反映企业资金运动的来龙去脉和变化规律，反映企业的财务状况和经营成果。总账报表岗位通过财务报告的形式将这些信息向有关的信息使用者提供，以此实现会计的反映职能。

总账报表岗位职责如下。

(1) 登记总账。根据规定的会计科目，设置总账账户。审核各岗位所编制的记账凭证及所附原始凭证的正确性；定期根据审核无误的记账凭证编制科目汇总表；根据科目汇总表登记总账；或按照其他会计核算程序登记总账。月份终了，要编制总账科目余额试算平衡表，并与有关明细账核对，保证账账相符。

(2) 编制资产负债表，核对其他会计报表。每月终了，根据总账和明细账及其他有关资料，编制资产负债表、利润表、现金流量表、所有者权益变动表和会计报表附注等会计报表；并与其他会计报表相互核对，有对应关系的数字必须保持一致。核对无误后，将各种会计报表连同财务情况说明书，加具封面，装订成册，提交领导审核签名或盖章，及时报出。

(3) 管理会计凭证和账表。对各个岗位的编号、整理、装订提出规格化的要求。每月终了，要整理各个岗位的会计凭证和资料，集中保管。年终办完决算后，应将全年的会计资料收集齐全，整理清楚，分类排列，以便查阅。需要归档的会计资料，应按有关规定及时归档。

九、会计主管岗位

该岗位主要职责是：对企业未授权其他岗位的重大经济事项进行审核与会计处理；对会计报表进行审核并对真实性、合法性负责；定期向企业最高管理层报告企业的财务状况及存在的问题，并提出改进的具体措施。

记账凭证传递顺序：记账凭证—现金结算岗位—存货岗位—职工薪酬岗位—生产成本岗位—资金岗位—财务成果岗位—往来结算岗位—总账报表岗位。

十、相关练习

模拟企业概况：宏伟针织服装公司是民营小型产品制造企业，以生产内衣、家居服等系列产品。注册资本 293 万元，固定资产 285 万元，该公司现有职工 85 人。

公司地址是滨城市白石路 30 号，开户银行是中国工商银行白石路办事处，银行账号为 098765432111；该企业为增值税一般纳税人，增值税税率为 17%，纳税登记号为 246890000887766。该公司业务中进货价与销售价均为不含增值税价格，所得税税率为 25%。

该公司第三基本生产车间生产男羊毛内衣、女羊毛内衣两种产品，产品成本采用品种法核算，产品质量稳定，适销对路，市场销售情况较好。

该公司设有管理部门、材料仓库、成品仓库及若干行政科室，组织全公司生产经营活动及后勤保障工作。出纳员为王红，材料仓库保管员为赵平，成品仓库保管员为英子。

该公司材料按实际成本法核算，购入材料通过“在途物资”账户核算。发出材料及销售产品成本于月末集中结转，均按综合加权平均法计价。

宏伟针织服装公司 2012 年 12 月 1 日期初资料如下。

(1) 宏伟针织服装公司 2012 年 11 月 30 日科目余额见表 1-10-1。

表 1-10-1 科目余额表

项目	借方金额/元	项目	贷方金额/元
库存现金	1 996	短期借款	100 000
银行存款	3 157 630	应付账款	37 580
应收账款	116 000	应付职工薪酬	58 800
其他应收款	1 280	应交税费	45 200
原材料	133 240	应付利息	2 960
生产成本	0	实收资本	2 930 000
库存商品	205 920	盈余公积	92 700
固定资产	2 850 000	利润分配	41 494
减：累计折旧	157 332	本年利润	3 000 000
资产总计	6 308 734	负债及所有者权益总计	6 308 734

(2) 宏伟针织服装公司原材料明细账资料见表 1-10-2。

表 1-10-2 原材料明细账资料

品名	单位	数量	单位成本/元	总成本/元
丝光羊毛	千克	440	131	57 640
全澳毛无结纱	千克	900	84	75 600
合计				133 240

(3) 宏伟针织服装公司库存商品明细账资料见表 1-10-3。

表 1-10-3 库存商品明细账资料

品名代号	单位	数量	单位成本/元	总成本/元
男羊毛内衣	件	360	172	61 920
女羊毛内衣	件	960	150	144 000
合 计				205 920

(4) 宏伟针织服装公司其他账款明细账资料见表 1-10-4。

表 1-10-4 其他账款明细账资料 单位：元

账户名称	借方余额/元	贷方余额/元
应收账款——博文商场	44 000	
——中宁商厦	72 000	
应付账款——旺昌公司		33 640
——荣发公司		3 940
其他应收款——差旅费(刘芳)	700	
——待摊费用(保险费)	580	
应付利息		2 960

(5) 职工刘方预借差旅费 700 元，还未报销。

(6) 10 月、11 月已预提短期借款利息 2 960 元。

练习 10-1 12 月 1 日，向同乐公司购入丝光羊毛 400 千克，每千克 120 元，材料已验收入库，结算凭证已到，货款及增值税尚未支付。开出转账支票支付运杂费 600 元。材料按实际采购成本转账。填制凭证 1-10-1～凭证 1-10-4。

凭证 1-10-1

中国工商银行转账支票存根

中国工商银行

转账支票存根

支票号码 0259430

附加信息

出票日期 年 月 日

收款人：	
金 额：	
用 途：	

单位主管 会计

凭证 1-10-2

增值税专用发票

No 00418130

开票日期：2012 年 12 月 1 日

购货单位	名 称：宏伟针织服装公司 纳税人登记号：246890000887766 地 址、电 话：滨城市白石路 30 号 开户行及账号：工商银行白石路办事处 098765432111				密码区		
货物及应税劳务名称	规格型号	单位	数量	单价	金额	税率	税额
丝光羊毛		千克	400	120.00	48 000.00	17%	8 160.00
合计					￥48 000.00		￥8 160.00
价税合计(大写)	伍万陆仟壹佰陆拾元整				(小写)￥56 160.00		
销货单位	名 称：同乐公司 纳税人登记号：35558000 地 址、电 话：天海街 5 号 开户行及账号：工商银行天海办事处 74276529				备注	同乐公司 发票专用章	

第一联：抵扣联 购货方扣税凭证

收款人：李利 复核：包艾 开票人：郭古 销货单位(章)

凭证 1-10-3

省公路货运统一发票

2012 年 12 月 1 日

托运单位	同乐公司			装货地点	天海小站	电话		
收货单位	宏伟针织服装公司			卸货地点	白石路 30 号	电话		
货物名称	件数	重量(千克)		费率	运杂费金额	其他费用		
丝光羊毛		400			600.00			
合计金额(大写) 陆佰元整					￥600.00			
备注								

第二联 运货收据

开票单位：(盖章) 经办人：王达 2012 年 12 月 1 日

凭证 1-10-4

收 料 单

供应单位： 年 月 日 字第 040 号

材料类别：

材料编号	名称	规格	计量单位	数量		实际成本					计划成本	
				应收	实收	买价		运杂费	其他	合计	单位成本	金额
						单价	金额					

仓库负责人： 记账： 仓库保管员： 收料：

练习 10-2 12 月 3 日，宏伟针织服装公司开出转账支票，支付上月应交增值税 45 200 元。填制凭证 1-10-5 与凭证 1-10-6。

凭证 1-10-5

中华人民共和国 国税 国

隶属关系：

税 收 缴 款 书

注册类型：小型民营企业 填发日期：2012 年 12 月 31 日 No 000037

缴款单位(人)	代 码	854585069852329	预算科目	编码	
	全 称	宏伟针织服装公司		名称	
	账 号	098765432111		级次	市级
	开户银行	工商银行白石路办事处	收款国库		中国工商行滨城分行营业部
税款所属时期 2012 年 11 月 1 日～30 日			税款限缴时期 2012 年 12 月 3 日		

品目名称	课税数量	计税金额或销售收入	税率或单位税额	已缴或扣除额	实缴金额							
					十	万	千	百	十	元	角	分
增值税			17%			4	5	2	0	0	0	0
金额合计	人民币(大写) 万 仟 佰 拾 元 角 分											
缴款单位(人) (盖章) 经办人(章)	税务机关 (盖章) 填票人(章)	上列款项已收妥并划转收款单位账户 国库(银行)盖章 年 月 日		备注								

缴款单位地址：白石路 30 号 电话：87608080 逾期不缴按税法规定加收滞纳金

凭证 1-10-6

中国工商银行转账支票存根

中国工商银行

转账支票存根

支票号码 0259431

附加信息

出票日期 年 月 日

收款人：
金 额：
用 途：

单位主管 会计

练习 10-3 12 月 4 日，收到博文商场上月账款 44 000 元，中宁商厦账款 7 2000 元，存入银行。同日，开出转账支票 33 640 元，偿付旺昌公司上月账款。填制凭证 1-10-7～凭证 1-10-9。

凭证 1-10-7

中国工商银行进账单(加单或收账通知)

年 月 日 第 041 号

<table>
<tr><td rowspan="3">收款人</td><td>全　称</td><td colspan="2"></td><td rowspan="3">付款人</td><td>全　称</td><td colspan="10"></td></tr>
<tr><td>账　号</td><td colspan="2"></td><td>账　号</td><td colspan="10"></td></tr>
<tr><td>开户银行</td><td colspan="2"></td><td>开户银行</td><td colspan="10"></td></tr>
<tr><td rowspan="2">金额</td><td colspan="5" rowspan="2">人民币
(大写)：</td><td>千</td><td>百</td><td>十</td><td>万</td><td>千</td><td>百</td><td>十</td><td>元</td><td>角</td><td>分</td></tr>
<tr><td></td><td></td><td></td><td></td><td></td><td></td><td></td><td></td><td></td><td></td></tr>
<tr><td>票据种类</td><td></td><td>票据张数</td><td></td><td colspan="12" rowspan="3">收款人开户银行盖章</td></tr>
<tr><td>票据号码</td><td colspan="3"></td></tr>
<tr><td colspan="4">单位主管　会计　复核　记账</td></tr>
</table>

此联是收款人开户银行交给收款人回单或收账通知

凭证 1-10-8

中国工商银行进账单(加单或收账通知)

年 月 日 第 042 号

<table>
<tr><td rowspan="3">收款人</td><td>全　称</td><td colspan="2"></td><td rowspan="3">付款人</td><td>全　称</td><td colspan="10"></td></tr>
<tr><td>账　号</td><td colspan="2"></td><td>账　号</td><td colspan="10"></td></tr>
<tr><td>开户银行</td><td colspan="2"></td><td>开户银行</td><td colspan="10"></td></tr>
<tr><td rowspan="2">金额</td><td colspan="5" rowspan="2">人民币
(大写)：</td><td>千</td><td>百</td><td>十</td><td>万</td><td>千</td><td>百</td><td>十</td><td>元</td><td>角</td><td>分</td></tr>
<tr><td></td><td></td><td></td><td></td><td></td><td></td><td></td><td></td><td></td><td></td></tr>
<tr><td>票据种类</td><td></td><td>票据张数</td><td></td><td colspan="12" rowspan="3">收款人开户银行盖章</td></tr>
<tr><td>票据号码</td><td colspan="3"></td></tr>
<tr><td colspan="4">单位主管　会计　复核　记账</td></tr>
</table>

此联是收款人开户银行交给收款人回单或收账通知

凭证 1-10-9

中国工商银行转账支票存根

中国工商银行

转账支票存根

支票号码 0259432

附加信息

出票日期 年 月 日

收款人：
金　额：
用　途：

单位主管 会计

练习 10-4 12 月 5 日，发出全澳毛无结纱 600 千克，用于女羊毛内衣产品生产。填制凭证 1-10-10。

凭证 1-10-10

领 料 单

领料部门：　　　　　　开票日期：　　　年　　月　　日　　　　　　字第 0050 号

<table>
<tr><td rowspan="2">材料编号</td><td rowspan="2" colspan="2">材料名称</td><td rowspan="2">规格</td><td rowspan="2">单位</td><td rowspan="2">请　领
数　量</td><td rowspan="2">实发
数量</td><td colspan="2">实际价格</td></tr>
<tr><td>单价</td><td>金额</td></tr>
<tr><td></td><td colspan="2"></td><td></td><td></td><td></td><td></td><td></td><td></td></tr>
<tr><td></td><td colspan="2"></td><td></td><td></td><td></td><td></td><td></td><td></td></tr>
<tr><td rowspan="3">用
途</td><td rowspan="3"></td><td colspan="3">领料部门</td><td colspan="4">发料部门</td></tr>
<tr><td colspan="2">负责人</td><td colspan="2">领料人</td><td colspan="2">核准人</td><td>发料人</td></tr>
<tr><td colspan="2"></td><td colspan="2"></td><td colspan="2"></td><td></td></tr>
</table>

练习 10-5　12 月 5 日，以现金 190 元购买办公用品，管理部门直接领用。填制凭证 1-10-11。

凭证 1-10-11

商 业 发 票

发 票 联

税务局
监印章

购货单位：宏伟针织服装公司　　　　2012 年 12 月 5 日　　　　　　第 07680 号

<table>
<tr><td rowspan="2">品名规格</td><td rowspan="2">计量单位</td><td rowspan="2">数　量</td><td rowspan="2">单　价</td><td colspan="9">金　　额</td></tr>
<tr><td>百</td><td>十</td><td>万</td><td>千</td><td>百</td><td>十</td><td>元</td><td>角</td><td>分</td></tr>
<tr><td>墨盒</td><td>个</td><td>1</td><td>135.00</td><td></td><td></td><td></td><td></td><td>1</td><td>3</td><td>5</td><td>0</td><td>0</td></tr>
<tr><td>笔记本</td><td>本</td><td>10</td><td>5.50</td><td></td><td></td><td></td><td></td><td></td><td>5</td><td>5</td><td>0</td><td>0</td></tr>
<tr><td></td><td></td><td></td><td></td><td></td><td></td><td></td><td></td><td></td><td></td><td></td><td></td><td></td></tr>
<tr><td>金额</td><td colspan="3">人民币(大写) 壹佰玖拾元整</td><td></td><td></td><td></td><td>￥</td><td>1</td><td>9</td><td>0</td><td>0</td><td>0</td></tr>
</table>

销售单位公章　　　　　　　　　　收款人：陆路　　　　　　　　开票人：程记

练习 10-6　12 月 6 日，出售男羊毛内衣产品 300 件给博文商场，单位售价 440 元，货款及增值税尚未收到。填制凭证 1-10-12 与凭证 1-10-13。

凭证 1-10-12

增值税专用发票

No 0071431

开票日期：2012 年 12 月 6 日

<table>
<tr><td>购
货
单
位</td><td colspan="5">名　　　称：博文商场
纳税人登记号：58821067
地 址、电 话：010-48921008
开户行及账号：建设银行黑上办事处　1256098778456</td><td>密
码
区</td><td colspan="3"></td></tr>
<tr><td colspan="2">货物及应税劳务名称
男羊毛内衣

合计</td><td>规格型号</td><td>单位
件</td><td>数量
300</td><td>单价
440.00</td><td colspan="2">金额
132 000.00

￥132 000.00</td><td>税率
17%</td><td>税额
22 440.00

￥22 440.00</td></tr>
<tr><td colspan="2">价税合计(大写)</td><td colspan="8">壹拾伍万肆仟肆佰肆拾元整　　　　(小写)￥154 440.00</td></tr>
<tr><td>销
货
单
位</td><td colspan="5">名　　　称：宏伟针织服装公司
纳税人登记号：246890000887766
地 址、电 话：滨城市白石路 30 号
开户行及账号：工商银行白石路办事处 098765432111</td><td>备
注</td><td colspan="3">宏伟针织
服装公司
发票专用章</td></tr>
</table>

第一联：抵扣联　购货方扣税凭证

收款人：章席　　复核：依亿　　　　开票人：哈第　　　　销货单位(章)

凭证 1-10-13

产品出库单

用途：　　　　　　　　　　　年　　月　　日　　　　　　　　　　第 105 号

产品名称	计量单位	数量	单位成本	金额
合　计				

记账　　　　　　　保管　　　　　　　检验　　　　　　　经手人

练习 10-7　12 月 7 日，售给中宁商厦女羊毛内衣产品 200 件，单位售价 400 元，货款及增值税尚未收到。填制凭证 1-10-14 与凭证 1-10-15。

凭证 1-10-14

增值税专用发票

No 0071432

开票日期：2012 年 12 月 7 日

购货单位	名　　称：中宁商厦 纳税人登记号：67803440 地 址、电 话：0431- 5921348 开户行及账号：建设银行红旗街办事处 76560922				密码区		
货物及应税劳务名称	规格型号	单位	数量	单价	金额	税率	税额
女羊毛内衣		件	200	400.00	80 000.00	17%	13 600.00
合计					¥80 000.00		¥13 600.00
价税合计(大写)	玖万叁仟陆佰元整　　(小写)¥93 600.00						
销货单位	名　　称：宏伟针织服装公司 纳税人登记号：246890000887766 地 址、电 话：滨城市白石路 30 号 开户行及账号：工商银行白石路办事处 098765432111				备注	宏伟针织服装公司发票专用章	

第一联：抵扣联 购货方扣税凭证

收款人：章席　　复核：依亿　　　　开票人：哈第　　　　销货单位(章)

凭证 1-10-15

产品出库单

用途：　　　　　　　　　　　年　　月　　日　　　　　　　　　　第 106 号

产品名称	计量单位	数量	单位成本	金额
合　计				

记账　　　　　　　保管　　　　　　　检验　　　　　　　经手人

练习 10-8　12 月 7 日，仓库发出丝光羊毛 200 千克，用于男羊毛内衣产品生产。填制凭证 1-10-16。

凭证 1-10-16

领 料 单

领料部门：　　　　　　开票日期：　　年　月　日　　　　第 050 号

材料编号	材料名称	规格	单位	请领数量	实发数量	计划价格	
						单价	金额

用途		领料部门		发料部门	
		负责人	领料人	核准人	发料人

练习 10-9　12 月 7 日，开出转账支票支付公路货运公司销售运输费 1 400 元。该费用由销货方承担。填制凭证 1-10-17 与凭证 1-10-18。

凭证 1-10-17

省公路货运统一发票

2012 年 12 月 7 日

托运单位	宏伟针织服装公司			装货地点	白石路 30 号	电话		
收货单位	中宁商厦、博文商场			卸货地点	将评山 8-1 号虹街 10 号	电话		
货物名称	件数	重量(千克)		费率	运费金额	其他费用		
男羊毛内衣	300	800			933.00			
女羊毛内衣	200	400			467.00			
合计金额(大写) 壹仟肆佰元整					¥14 00.00			
备注								

第二联　运货收据

开票单位：(盖章)　　　　　　经办人：王达　　　　2012 年 12 月 7 日

凭证 1-10-18

中国工商银行转账支票存根

中国工商银行

转账支票存根

支票号码　0259433

附加信息

出票日期　　年　　月　　日

收款人：
金　额：
用　途：

单位主管　　　会计

练习 10-10　12 月 8 日，向旺昌公司购入全澳毛无结纱 200 千克，每千克 80 元，材料已验收入库，结算凭证已到，开出转账支票支付了货款及增值税。材料按实际采购成本转账。填制凭证 1-10-19～凭证 1-10-21。

凭证 1-10-19

中国工商银行转账支票存根

中国工商银行

转账支票存根

支票号码 0259434

附加信息

出票日期　　年　　月　　日

收款人：	
金　额：	
用　途：	

单位主管　　　会计

凭证 1-10-20

增值税专用发票

No 30419876

开票日期：2012 年 7 月 8 日

购货单位	名　　称：宏伟针织服装公司 纳税人登记号：246890000887766 地 址、电 话：滨城市白石路 30 号 开户行及账号：工商银行白石路办事处　098765432111				密码区		
货物及应税劳务名称	规格型号	单位	数量	单价	金额	税率	税额
全澳毛无结纱		千克	200	80.00	16 000.00	17%	2 720.00
合计					￥16 000.00		￥2 720.00
价税合计(大写)	壹万捌仟柒佰贰拾元整				(小写)￥18720.00		
销货单位	名　　称：旺昌公司 纳税人登记号：01558707 地 址、电 话：西路 111 号 开户行及账号：工商银行西路办事处　04276593				备注	昌旺公司 发票专用章	

第一联：抵扣联　购货方扣税凭证

收款人：吴五　　复核：　　开票人：思云　　销货单位(章)

凭证 1-10-21

收 料 单

供应单位：　　　　年　　月　　日　　　　字第 041 号

材料类别：

材料编号	名称	规格	计量单位	数量		实际成本					计划成本	
				应收	实收	买价		运杂费	其他	合计	单位成本	金额
						单价	金额					

仓库负责人：　　记账：　　仓库保管员：　　收料：

练习 10-11 12 月 9 日，仓库发出丝光羊毛 500 千克，其中包括制造男羊毛内衣产品用料 400 千克，车间一般耗用 100 千克。填制凭证 1-10-22 与凭证 1-10-23。

凭证 1-10-22

领 料 单

领料部门：　　　　　　开票日期：　　年　　月　　日　　　　字第 051 号

材料编号	材料名称	规格	单位	请领数量	实发数量	计划价格	
						单价	金额
用途		领料部门			发料部门		
		负责人		领料人	核准人		发料人

凭证 1-10-23

领 料 单

领料部门：　　　　　　开票日期：　　年　　月　　日　　　　字第 052 号

材料编号	材料名称	规格	单位	请领数量	实发数量	计划价格	
						单价	金额
用途		领料部门			发料部门		
		负责人		领料人	核准人		发料人

练习 10-12 12 月 10 日，向旺昌公司购入全澳毛无结纱 500 千克，每千克 90 元，材料已验收入库，结算凭证已到，货款及增值税尚未支付。材料按实际采购成本转账。填制凭证 1-10-24 与凭证 1-10-25。

凭证 1-10-24

收 料 单

供应单位：　　　　　　年　　月　　日　　　　字第 042 号

材料类别：

材料编号	名称	规格	计量单位	数量		实际成本					计划成本	
				应收	实收	买价		运杂费	其他	合计	单位成本	金额
						单价	金额					

仓库负责人：　　　　记账：　　　　仓库保管员：　　　　收料：

凭证 1-10-25

增值税专用发票

№ 30419890

开票日期：2012 年 12 月 10 日

<table>
<tr><td rowspan="4">购
货
单
位</td><td colspan="5">名　　称：宏伟针织服装公司</td><td rowspan="4">密
码
区</td><td colspan="3" rowspan="4"></td></tr>
<tr><td colspan="5">纳税人登记号：246890000887766</td></tr>
<tr><td colspan="5">地 址、电 话：滨城市白石路 30 号</td></tr>
<tr><td colspan="5">开户行及账号：中国工商银行白石路办事处 098765432111</td></tr>
<tr><td colspan="2">货物及应税劳务名称</td><td>规格型号</td><td>单位</td><td>数量</td><td>单价</td><td>金额</td><td colspan="2">税率</td><td>税额</td></tr>
<tr><td colspan="2">全澳毛无结纱</td><td></td><td>千克</td><td>500</td><td>90.00</td><td>45 000.00</td><td colspan="2">17%</td><td>7 650.00</td></tr>
<tr><td colspan="2">合计</td><td></td><td></td><td></td><td></td><td>￥45 000.00</td><td colspan="2"></td><td>￥7 650.00</td></tr>
<tr><td colspan="2">价税合计(大写)</td><td colspan="5">伍万贰仟陆佰伍拾元整</td><td colspan="3">(小写)￥52 650.00</td></tr>
<tr><td rowspan="4">销
货
单
位</td><td colspan="5">名　　称：旺昌公司</td><td rowspan="4">备
注</td><td colspan="3" rowspan="4">昌旺公司
发票专用章</td></tr>
<tr><td colspan="5">纳税人登记号：01558707</td></tr>
<tr><td colspan="5">地 址、电 话：西路 111 号</td></tr>
<tr><td colspan="5">开户行及账号：工商银行西路办事处 04276593</td></tr>
</table>

第一联：抵扣联 购货方扣税凭证

收款人：吴五　　　复核：　　　开票人：思云　　　销货单位(章)

练习 10-13　12 月 11 日，开出转账支票支付荣发公司账款 3 940 元。填制凭证 1-10-26。

凭证 1-10-26

中国工商银行转账支票存根

中国工商银行

转账支票存根

支票号码 0259435

附加信息

出票日期　　年　　月　　日

收款人：	
金　额：	
用　途：	

单位主管　　　会计

练习 10-14　12 月 12 日，向荣发公司购入丝光羊毛 600 千克，每千克 132 元，材料已验收入库，结算凭证已到，货款及增值税尚未支付。开出转账支票支付运输费 2 400 元。材料按实际采购成本转账。填制凭证 1-10-27～凭证 1-10-30。

凭证 1-10-27

增值税专用发票

No 19818132

开票日期：2012 年 12 月 12 日

购货单位	名　　称：宏伟针织服装公司 纳税人登记号：246890000887766 地 址、电 话：滨城市白石路 30 号 开户行及账号：工商银行白石路办事处 098765432111				密码区		
货物及应税劳务名称	规格型号	单位	数量	单价	金额	税率	税额
丝光羊毛		千克	600	132.00	79 200.00	17%	13 464.00
合计					￥79 200.00		￥13 464.00
价税合计(大写)	玖万贰仟陆佰陆拾肆元整				(小写)￥92 664.00		
销货单位	名　　称：荣发公司 纳税人登记号：13579000 地 址、电 话：市场街 1-2 号 开户行及账号：工商银行市场办事处 2468024				备注	荣发公司 发票专用章	

收款人：董思　　复核：　　开票人：亿益　　销货单位(章)

第一联：抵扣联 购货方扣税凭证

凭证 1-10-28

省公路货运统一发票

2012 年 12 月 12 日

托运单位	荣发公司			装货地点	市场街 1-2 号		电话	
收货单位	宏伟针织服装公司			卸货地点	白石路 30 号		电话	
货物名称	件数	重量(千克)		费率	运费金额	其他费用		
丝光羊毛		600			2 400.00			
合计金额(大写) 贰仟肆佰元整					￥2 400.00			
备注								

开票单位：(盖章)　　经办人：王达　　2012 年 12 月 12 日

第二联 运货收据

凭证 1-10-29

中国工商银行转账支票存根

中国工商银行

转账支票存根

支票号码 0259436

附加信息

出票日期　　年　　月　　日

收款人：	
金　额：	
用　途：	

单位主管　　会计

凭证 1-10-30

收 料 单

供应单位：　　　　　　　　　　　　年　　月　　日　　　　　　　　字第 043 号

材料类别：

材料编号	名称	规格	计量单位	数量		实际成本					计划成本	
				应收	实收	买价		运杂费	其他	合计	单位成本	金额/元
						单价	金额					

仓库负责人：　　　　　记账：　　　　　仓库保管员：　　　　　收料：

练习 10-15　12 月 13 日，完工男羊毛内衣产品 500 件，验收入库。填制凭证 1-10-31。

凭证 1-10-31

库存商品(产成品)验收入库单

交库单位：　　　　　　　　　　　　年　　月　　日　　　　　　　　第 0160 号

产品名称	交验数量	检验结果		实收数量	计量单位	单位成本	金额/元
		合格	不合格				
合计							

生产车间　　　　　　　检验人　　　　　　　仓库经收人

练习 10-16　12 月 14 日，出售男羊毛内衣产品 240 件给博文商场，单位售价 440 元，货款及增值税已收到，存入银行。填制凭证 1-10-32～凭证 1-10-34。

凭证 1-10-32

增值税专用发票

No 0071436

开票日期：2012 年 12 月 14 日

<table>
<tr><td>购货单位</td><td colspan="5">名　　称：博文商场
纳税人登记号：58821067
地 址、电 话：010-48921008
开户行及账号：建设银行黑上办事处 1256098778456</td><td>密码区</td><td colspan="2"></td></tr>
<tr><td colspan="2">货物及应税劳务名称</td><td>规格型号</td><td>单位</td><td>数量</td><td>单价</td><td>金额</td><td>税率</td><td>税额</td></tr>
<tr><td colspan="2">男羊毛内衣</td><td></td><td>件</td><td>240</td><td>440.00</td><td>105 600.00</td><td>17%</td><td>17 952.00</td></tr>
<tr><td colspan="2">合计</td><td></td><td></td><td></td><td></td><td>￥105 600.00</td><td></td><td>￥17 952.00</td></tr>
<tr><td colspan="2">价税合计(大写)</td><td colspan="7">壹拾贰万叁仟伍佰伍拾贰元整　　　　(小写)￥123 552.00</td></tr>
<tr><td>销货单位</td><td colspan="5">名　　称：宏伟针织服装公司
纳税人登记号：246890000887766
地 址、电 话：滨城市白石路 30 号
开户行及账号：工商银行白石路办事处　098765432111</td><td>备注</td><td colspan="2">宏伟针织服装公司
发票专用章</td></tr>
</table>

第一联：抵扣联 购货方扣税凭证

收款人：章席　　　　复核：依亿　　　　开票人：哈第　　　　销货单位(章)

凭证 1-10-33

中国工商银行进账单(加单或收账通知)

2012 年　12 月 14　日　　　　第 043 号

收款人	全　称		付款人	全　称	
	账　号			账　号	
	开户银行			开户银行	

		千	百	十	万	千	百	十	元	角	分
金额	人民币(大写):			1	2	3	5	5	2	0	0

票据种类		票据张数		
票据号码				
单位主管　会计　复核　记账				收款人开户银行盖章

此联是收款人开户行交给收款人回单或收账通知

凭证 1-10-34

产 品 出 库 单

用途:　　　　年　月　日　　　　第 107 号

产品名称	计量单位	数量	单位成本	金额
合　计				

记账　　　保管　　　检验　　　经手

练习 10-17　12 月 14 日，开出现金支票，提取现金 1 200 元。填制凭证 1-10-35。

凭证 1-10-35

中国工商银行转账支票存根

中国工商银行

转账支票存根

支票号码 0259437

附加信息

出票日期　年　月　日

收款人:	
金　额:	
用　途:	

单位主管　　会计

练习 10-18　12 月 14 日，用现金 170 元购入办公用品，直接交行政管理部门使用。填制凭证 1-10-36。

凭证 1-10-36

商业发票

发票联

税务局
监印章

购货单位：宏伟针织服装公司　　2012 年 12 月 14 日　　第 08841 号

品名规格	计量单位	数量	单价	金额								
				百	十	万	千	百	十	元	角	分
写字笔	个	10	4.00						4	0	0	0
订书机	个	2	65.00					1	3	0	0	0
金额	人民币(大写)壹佰柒拾元整						￥	1	7	0	0	0

销售单位公章　　收款人：陆路　　开票人：程记

练习 10-19　12 月 15 日，向旺昌公司购入全澳毛无结纱 560 千克，每千克 84 元，材料已验收入库，结算凭证已到，货款及增值税尚未支付。材料按实际采购成本转账。填制凭证 1-10-37 与凭证 1-10-38。

凭证 1-10-37

增值税专用发票

№ 30419870

开票日期：2012 年 12 月 15 日

购货单位	名　　称：宏伟针织服装公司 纳税人登记号：246890000887766 地 址、电 话：滨城市白石路 30 号 开户行及账号：工商银行白石路办事处 098765432111				密码区		
货物及应税劳务名称	规格型号	单位	数量	单价	金额	税率	税额
全澳毛无结纱		千克	560	84.00	47 040.00	17%	7 996.80
合计					￥47 040.00		￥7 996.80
价税合计(大写)	伍万伍仟零叁拾陆元捌角				(小写)￥55 036.80		
销货单位	名　　称：旺昌公司 纳税人登记号：01558707 地 址、电 话：西路 111 号 开户行及账号：工商银行西路办事处 04276593				备注	荣发公司 发票专用章	

第一联：抵扣联　购货方扣税凭证

收款人：吴五　　复核：　　开票人：思云　　销货单位(章)

凭证 1-10-38

收料单

供应单位：　　年　月　日　　字第 043 号

材料类别：

材料编号	名称	规格	计量单位	数量		实际成本					计划成本	
				应收	实收	买价		运杂费	其他	合计	单位成本	金额
						单价	金额					

仓库负责人：　　记账：　　仓库保管员：　　收料：

练习 10-20　12 月 16 日，收到中宁商厦 12 月 7 日货款及增值税 93 600 元。填制凭证 1-10-39。

凭证 1-10-39

中国工商银行进账单(加单或收账通知)

2012 年　12 月 16　日　　　　第 044 号

收款人	全　称		付款人	全　称	
	账　号			账　号	
	开户银行			开户银行	

金额	人民币(大写):	千	百	十	万	千	百	十	元	角	分
					9	3	6	0	0	0	0

票据种类		票据张数		
票据号码				
单位主管　会计　复核　记账				收款人开户银行盖章

此联是收款人开户行交给收款人回单或收账通知

练习 10-21　12 月 16 日，开出转账支票 56 160 元，支付 12 月 1 日同乐公司货款及增值税。填制凭证 1-10-40。

凭证 1-10-40

中国工商银行转账支票存根

中国工商银行

转账支票存根

支票号码　0259438

附加信息＿＿＿＿＿＿

出票日期　　年　　月　　日

收款人：
金　额：
用　途：

单位主管　　　会计

练习 10-22　12 月 16 日，收到博文商场 12 月 6 日货款及增值税 77 220 元。填制凭证 1-10-41。

练习 10-23　12 月 17 日，出售女羊毛内衣产品 360 件，单位售价 400 元，货款及增值税已收到，存入银行。同时，用转账支票支付运杂费 2 400 元。填制凭证 1-10-42～凭证 1-10-46。

凭证 1-10-41

中国工商银行进账单(加单或收账通知)

2012 年 12 月 16 日　　第 044 号

收款人	全　称		付款人	全　称	
	账　号			账　号	
	开户银行			开户银行	

金额	人民币(大写)：	千	百	十	万	千	百	十	元	角	分
					7	7	2	2	0	0	0

票据种类		票据张数		
票据号码				
单位主管　会计　复核　记账				收款人开户银行盖章

此联是收款人开户行交给收款人回单或收账通知

凭证 1-10-42

增值税专用发票

No 0071437

开票日期：2012 年 12 月 17 日

购货单位	名称：定化公司 纳税人登记号：48401099 地址、电话：78901008 开户行及账号：建设银行青及办事处 13360987				密码区		
货物及应税劳务名称	规格型号	单位	数量	单价	金额	税率	税额
女羊毛内衣		件	360	400.00	144 000.00	17%	24 480.00
合计					￥144 000.00		￥24 480.00
价税合计(大写)	壹拾陆万捌仟肆佰捌拾元整				(小写)￥168480.00		
销货单位	名称：宏伟针织服装公司 纳税人登记号：246890000887766 地址、电话：滨城市白石路 30 号 开户行及账号：工商银行白石路办事处 098765432111				备注	宏伟针织服装公司 发票专用章	

收款人：章席　复核：依亿　开票人：哈第　销货单位(章)

第一联：抵扣联　购货方扣税凭证

凭证 1-10-43

中国工商银行进账单(加单或收账通知)

2012 年 12 月 17 日　　第 045 号

收款人	全　称		付款人	全　称	
	账　号			账　号	
	开户银行			开户银行	

金额	人民币(大写)：	千	百	十	万	千	百	十	元	角	分
				1	6	8	4	8	0	0	0

票据种类		票据张数		
票据号码				
单位主管　会计　复核　记账				收款人开户银行盖章

此联是收款人开户行交给收款人回单或收账通知

凭证 1-10-44

公路货运统一发票

2012 年 12 月 17 日

托运单位	宏伟针织服装公司		装货地点	白石路 30 号	电话	
收货单位	定化公司		卸货地点	青及路 13 号	电话	78901008
货物名称	件数	重量/千克	费率	运费金额/元	其他费用	
女羊毛内衣	360			2 400.00		
合计金额(大写) 贰仟肆佰元整				￥2 400.00		
备注						

第二联 运货收据

开票单位：(盖章)　　　　经办人：田户

凭证 1-10-45

中国工商银行转账支票存根

中国工商银行

转账支票存根

支票号码 0259439

附加信息

出票日期　　年　　月　　日

收款人：	
金　额：	
用　途：	

单位主管　　　会计

凭证 1-10-46

产 品 出 库 单

用途：　　　　年　　月　　日　　　　第 108 号

产品名称	计量单位	数量	单位成本	金额
合　计				

记账　　　保管　　　检验　　　经手

练习 10-24　12 月 18 日，仓库发出丝光羊毛 500 千克，其中制造男羊毛内衣产品用料 300 千克，生产女羊毛内衣产品用料 200 千克；发出全澳毛无结纱 560 千克，用于生产女羊毛内衣产品。填制凭证 1-10-47～凭证 1-10-49。

凭证 1-10-47

领 料 单

领料部门：　　　　　　　　开票日期：　　　年　　月　　日　　　　　　　　第 053 号

<table>
<tr><td rowspan="2">材料编号</td><td rowspan="2">材料名称</td><td rowspan="2">规格</td><td rowspan="2">单位</td><td rowspan="2">请领数量</td><td rowspan="2">实发数量</td><td colspan="2">实际成本</td></tr>
<tr><td>单价</td><td>金额</td></tr>
<tr><td></td><td></td><td></td><td></td><td></td><td></td><td></td><td></td></tr>
<tr><td></td><td></td><td></td><td></td><td></td><td></td><td></td><td></td></tr>
<tr><td></td><td></td><td></td><td></td><td></td><td></td><td></td><td></td></tr>
<tr><td></td><td></td><td></td><td></td><td></td><td></td><td></td><td></td></tr>
<tr><td rowspan="3">用途</td><td rowspan="3"></td><td colspan="3">领料部门</td><td colspan="3">发料部门</td></tr>
<tr><td colspan="2">负责人</td><td>领料人</td><td>核准人</td><td colspan="2">发料人</td></tr>
<tr><td colspan="2"></td><td></td><td></td><td colspan="2"></td></tr>
</table>

凭证 1-10-48

领 料 单

领料部门：　　　　　　　　开票日期：　　　年　　月　　日　　　　　　　　第 054 号

<table>
<tr><td rowspan="2">材料编号</td><td rowspan="2">材料名称</td><td rowspan="2">规格</td><td rowspan="2">单位</td><td rowspan="2">请领数量</td><td rowspan="2">实发数量</td><td colspan="2">实际成本</td></tr>
<tr><td>单价</td><td>金额</td></tr>
<tr><td></td><td></td><td></td><td></td><td></td><td></td><td></td><td></td></tr>
<tr><td></td><td></td><td></td><td></td><td></td><td></td><td></td><td></td></tr>
<tr><td></td><td></td><td></td><td></td><td></td><td></td><td></td><td></td></tr>
<tr><td></td><td></td><td></td><td></td><td></td><td></td><td></td><td></td></tr>
<tr><td rowspan="3">用途</td><td rowspan="3"></td><td colspan="3">领料部门</td><td colspan="3">发料部门</td></tr>
<tr><td colspan="2">负责人</td><td>领料人</td><td>核准人</td><td colspan="2">发料人</td></tr>
<tr><td colspan="2"></td><td></td><td></td><td colspan="2"></td></tr>
</table>

凭证 1-10-49

领 料 单

领料部门：　　　　　　　　开票日期：　　　年　　月　　日　　　　　　　　第 055 号

<table>
<tr><td rowspan="2">材料编号</td><td rowspan="2">材料名称</td><td rowspan="2">规格</td><td rowspan="2">单位</td><td rowspan="2">请领数量</td><td rowspan="2">实发数量</td><td colspan="2">实际成本</td></tr>
<tr><td>单价</td><td>金额</td></tr>
<tr><td></td><td></td><td></td><td></td><td></td><td></td><td></td><td></td></tr>
<tr><td></td><td></td><td></td><td></td><td></td><td></td><td></td><td></td></tr>
<tr><td></td><td></td><td></td><td></td><td></td><td></td><td></td><td></td></tr>
<tr><td></td><td></td><td></td><td></td><td></td><td></td><td></td><td></td></tr>
<tr><td rowspan="3">用途</td><td rowspan="3"></td><td colspan="3">领料部门</td><td colspan="3">发料部门</td></tr>
<tr><td colspan="2">负责人</td><td>领料人</td><td>核准人</td><td colspan="2">发料人</td></tr>
<tr><td colspan="2"></td><td></td><td></td><td colspan="2"></td></tr>
</table>

练习 10-25　12 月 20 日，行政人员刘方报销上月预借差旅费 700 元，余款交回现金 10 元。填制凭证 1-10-50 与凭证 1-10-51。

凭证 1-10-50

差旅费报销单

单位：办公室　　　　2012 年 12 月 20 日　　　　附单据 7 张

姓名	刘方	事由	出差	预借差旅费	700 元	出差日期	11 月 30 日												
起			至			起至地点		车别	车船费	途中补助		住宿费及住宿补助			住勤补助			市内交通费	其他支出
月	日	时	月	日	时	起	至			标准	金额	天数	标准	金额	天数	标准	金额		
12	6	20	12	16	18	滨	山	硬	340		100	10	20	200				50	
总计			￥690.00			分项合计			340		100			200				50	
报销金额(大写)：															应交(付)金额			10.00	
领导审批			财务审核				单位审核						报销人						

凭证 1-10-51

收　据

年　　月　　日　　　　第 046 号

交款单位或姓名	
款项内容	
金　额	人民币(大写)　　　　￥________

收款单位公章　　　　收款　　　　交款

练习 10-26　12 月 21 日，开出转账支票 52 650 元，支付旺昌公司 12 月 10 日货款及增值税。填制凭证 1-10-52。

凭证 1-10-52

中国工商银行转账支票存根

中国工商银行

转账支票存根

支票号码　0259440

附加信息

出票日期　　年　　月　　日

收款人：
金　额：
用　途：

单位主管　　　　会计

练习 10-27　12 月 21 日，开出支票从大华商场购买办公品 1 000 元，车间直接领用。填制凭证 1-10-53 与凭证 1-10-54。

凭证 1-10-53

商业发票

发票联

税务局
监印章

购货单位：宏伟针织服装公司　　2012 年 12 月 21 日　　第 08699 号

品名规格	计量单位	数　量	单价/元	金额								
				百	十	万	千	百	十	元	角	分
打印纸	包	10	25.00					2	5	0	0	0
计算器	个	5	80.00					4	0	0	0	0
笔	只	10	35.00					3	5	0	0	0
金额	人民币(大写)壹仟元整					¥	1	0	0	0	0	0

销售单位公章　　收款人：陆路　　开票人：程记

凭证 1-10-54

中国工商银行转账支票存根

中国工商银行

转账支票存根

支票号码　0259441

附加信息

出票日期　　年　　月　　日

收款人：	
金　额：	
用　途：	

单位主管　　会计

练习 10-28　12 月 22 日，男羊毛内衣号产品 300 件完工，验收入库。填制凭证 1-10-55。

凭证 1-10-55

库存商品(产成品)验收入库单

交库单位：　　年　　月　　日　　第 0161 号

产品名称	交验数量	检验结果		实收数量	计量单位	单位成本	金额/元
		合格	不合格				
合计							

生产车间　　检验人　　仓库经收人

练习 10-29　12 月 24 日，开出支票支付职工报销医药费 3 120 元。填制凭证 1-10-56 与凭证 1-10-57。

凭证 1-10-56

第三人民医院收费专用发票

姓名：金虎　　日期：2012 年 12 月 24 日　　No 1446890

项目	单位	标准	数量	金额/元
检查费 化验费 治疗费 西药费				100 40 1 580 1 400
合计				3 120．00

报销凭证

制单：　　收款：周凡

凭证 1-10-57

中国工商银行转账支票存根

中国工商银行

转账支票存根

支票号码 0259442

附加信息

出票日期　年　月　日

收款人：	
金　额：	
用　途：	

单位主管　　会计

练习 10-30　12 月 26 日，开出支票支付职工工资 38 800 元。填制凭证 1-10-58 和凭证 1-10-59。

凭证 1-10-58

工 资 结 算 单

2012 年 12 月　　单位：元

部门	编号	姓名	基本工资	津贴	奖金	合计
略		略	略			略
		合计				38 800．00

练习 10-31　12 月 28 日，出售给博文商场男羊毛内衣产品 240 件，单位售价 440 元，货款及增值税尚未收到，用支票支付销售运杂费 3 300 元(运杂费由销售方承担)。填制凭证 1-10-60～凭证 1-10-63。

凭证 1-10-59

中国工商银行转账支票存根

中国工商银行

转账支票存根

支票号码 0259443

附加信息

出票日期 年 月 日

收款人：	
金 额：	
用 途：	

单位主管 会计

凭证 1-10-60

增值税专用发票

No 0071436

开票日期：2012 年 12 月 28 日

购货单位	名 称：博文商场 纳税人登记号：58821067 地 址、电 话：010-48921008 开户行及账号：建设银行黑上办事处 12560987				密码区		
货物及应税劳务名称	规格型号	单位	数量	单价	金额	税率	税额
男羊毛内衣		件	240	440.00	105 600.00	17%	17 952.00
合计					￥105 600.00		￥17 952.00
价税合计(大写)	壹拾贰万叁仟伍佰伍拾贰元整				(小写)￥123552.00		
销货单位	名 称：宏伟针织服装公司 纳税人登记号：246890000887766 地 址、电 话：滨城市白石路 30 号 开户行及账号：工商银行白石路办事处 098765432111				备注	宏伟针织服装公司 发票专用章	

收款人：章席 复核：依亿 开票人：哈第 销货单位(章)

第一联：抵扣联 购货方扣税凭证

凭证 1-10-61

公路货运统一发票

2012 年 12 月 28 日

托运单位	宏伟针织服装公司		装货地点	白石路 30 号	电话		
收货单位	博文商场		卸货地点	黑山街	电话	73923457	
货物名称	件数	重量/千克	费率	运费金额	其他费用		
男羊毛内衣	240			3 300.00			
合计金额(大写)叁仟叁佰元整				￥3 300.00			
备注							

开票单位：(盖章) 经办人：田户 2012 年 12 月 28 日

第二联 运货收据

凭证 1-10-62

中国工商银行转账支票存根

中国工商银行

转账支票存根

支票号码 0259443

附加信息

出票日期　　年　　月　　日

收款人：
金　额：￥3 300.00
用　途：

单位主管　　　　会计

凭证 1-10-63

产 品 出 库 单

用途：　　　　　　　　　　年　　月　　日　　　　　　　　　　第 109 号

产品名称	计量单位	数量	单位成本	金额
合　计				

记账　　　　　　保管　　　　　　检验　　　　　　经手人

练习 10-32　12 月 31 日，按材料用途，根据本月领料单汇总，结转本月耗用材料费用。采用加权平均法计算材料单价。见表 1-10-5。

表 1-10-5 **材 料 耗 用 汇 总 表**

年　　月　　日

用　途	丝光羊毛/千克	全澳毛无结纱/千克	金额/元
制造产品用			
男羊毛内衣			
女羊毛内衣			
小计			
车间一般耗用			
合计			

练习 10-33　12 月 31 日，计算得出本月生产工人工资为 27 200 元(按产品生产工时在两种产品间进行分配：男羊毛内衣产品 3 200 工时，女羊毛内衣产品 3 600 工时)，车间管理人员工资为 2 400 元，公司行政管理人员工资 9 200 元。见表 1-10-6。

表 1-10-6 **工 资 汇 总 表**

2012 年 12 月　　　　单位：元

应借项目		分配标准	应付工资
生产成本	男羊毛内衣产品		
	女羊毛内衣产品		
	小计		
制造费用			
管理费用			
合计			

练习 10-34　12 月 31 日，本月车间耗电 5 816 千瓦时，管理部门耗电 5 056 千瓦时，每千瓦时 0.5 元，已用转账支票支付。见表 1-10-7、凭证 1-10-64 和凭证 1-10-65。

表 1-10-7 **电 费 分 配 计 算 表**

2012 年 12 月　　　　单位：元

部门名称	用电量	单 价	金额
基本生产车间			
管理部门			
合计			

凭证 1-10-64

增值税专用发票

No 00578907

开票日期：2012 年 12 月 31 日

购货单位	名　　称：宏伟针织服装公司 纳税人登记号：246890000887766 地 址、电 话：滨城市白石路 30 号 开户行及账号：工商银行白石路办事处　098765432111				密码区		
货物及应税劳务名称电	规格型号	单位	数量	单价	金额	税率	税额
		千瓦时	10 872	0.50	5 436.00	17%	924.12
合计					￥5 436.00		￥924.12
价税合计(大写)	陆仟叁佰陆拾元壹角贰分				(小写)￥6 360.12		
销货单位	名　　称：电力开发有限公司 纳税人登记号：46058011 地 址、电 话：金马街 25 号 开户行及账号：工商银行金马办事处　74279998				备注	电力开发有限公司 发票专用章	

第一联：抵扣联 购货方扣税凭证

收款人：钱欧化　　复核：　　开票人：　李大才　　销货单位(章)

凭证 1-10-65

中国工商银行转账支票存根

中国工商银行
转账支票存根
支票号码 0259444
附加信息
出票日期　年　月　日
收款人：
金　额：￥6 360.12
用　途：
单位主管　　会计

练习 10-35　12 月 31 日，计算得本月固定资产折旧费为 5 600 元，其中，车间负担 70%。见表 1-10-8。

表 1-10-8　固定资产折旧计算表

2012 年 12 月 31 日　　单位：元

摘要	应借科目	金额
车间用固定资产折旧	制造费用	
管理部门用固定资产折旧	管理费用	
合　计		

练习 10-36　12 月 31 日，摊销本月应负担的财产保险费 580 元。该保险费年初预付 6 960 元。一年期每月平均分摊。见表 1-10-9。

表 1-10-9　保险费分配表

2012 年 12 月 31 日　　单位：元

摘要	应借科目	金额
摊销财产保险费	管理费用	
'合计		

练习 10-37 12 月 31 日，支付本季度借款利息 4 440 元。(10 月、11 月已预提 2 960 元)。见凭证 1-10-66 和凭证 1-10-67。

凭证 1-10-66

中 国 工 商 银 行

贷款利息通知单(第三联代支款通知)

<table>
<tr><td colspan="2">贷款账户户名：宏伟针织服装公司</td><td>账号：098765432111</td></tr>
<tr><td colspan="2">利息计算时间：2012 年 10 月 1 日 起
2012 年 12 月 31 日 止</td><td rowspan="5">左列贷款利息已从你单位账号______账户付出。

开户银行盖章

2012 年 12 月 31 日</td></tr>
<tr><td>计息基数共计：1 000 000.00</td><td>利率：月 14.8‰</td></tr>
<tr><td colspan="2">利息金额(大写)：肆仟肆佰肆拾元整</td></tr>
<tr><td>附记：</td><td>￥：4 440.00</td></tr>
<tr><td colspan="2">会计 13 号 事后监督 5 号 复核 7 号 制单：9 号</td></tr>
</table>

凭证 1-10-67

中国工商银行转账支票存根

中国工商银行

转账支票存根

支票号码 0259445

科　目________

对方科目________

出票日期　年　月　日

收款人：
金　额：￥4 440.00
用　途：

单位主管　　会计

练习 10-38 12 月 31 日，结转本月份制造费用，并按产品生产工时在男羊毛内衣、女羊毛内衣两种产品之间分配(分配率保留 3 位小数，分配额保留整数)。见表 1-10-10。

表 1-10-10 **制 造 费 用 分 配 表**

2012 年 12 月 31 日　　单位：元

项目	分配标准(工时)	分配率	分配金额
男羊毛内衣			
女羊毛内衣			
合计			

练习 10-39 12 月 31 日，男羊毛内衣产品 800 件全部完工，结转完工产品生产成本。见表 1-10-11。

表 1-10-11 **产品生产成本计算表**

2012 年 12 月 31 日

成本项目	男羊毛内衣(800 件)		女羊毛内衣(本月未完工)	
	单位成本	总成本	单位成本	总成本
直接材料				
直接人工				
其他直接支出				
制造费用				
合计				
完工产品成本				

练习 10-40 结转已售男羊毛内衣产品、女羊毛内衣产品的销售成本。采用加权平均法计算男羊毛内衣产品单位成本，女羊毛内衣产品单位成本按期初单位成本计算。见表 1-10-12。

表 1-10-12 **产品销售成本计算表**

2012 年 12 月 31 日

产品名称	销售数量	单位成本	总成本
男羊毛内衣			
女羊毛内衣			
合计			

练习 10-41 按当月应交增值税的 7%计算城市维护建设税。见表 1-10-13 与凭证 1-10-68。

表 1-10-13 城市维护建设税申报表

申报单位名称　　　　　税款所属日期：　　年　　月　　日　　单位：元(以下角分)

税种名称	计税税额	城市维护建设税			
		税率	应纳税额	已纳税额	本期应补、退税额
营业税					
增值税					
消费税					
合计					

申报单位盖章：　　　　负责人(签章)：　　　　经办人(签章)：
税务机关审理申报日期：　　年　　月　　日　　审核人(签章)：

凭证 1-10-68

中华人民共和国
税收通用缴款书

所属关系：市级　　　　　　　　　　　　　　　　　　　　　滨地税缴(09)第 89012 号
注册类型：小型企业　　　　　　　　填发日期：2012 年 12 月 31 日

<table>
<tr><td rowspan="4">缴款单位(人)</td><td>代　码</td><td>7608911</td><td rowspan="3">预算科目</td><td>编码</td><td colspan="2"></td></tr>
<tr><td>全　称</td><td>宏伟针织服装公司</td><td>名称</td><td colspan="2">所得税</td></tr>
<tr><td>账　号</td><td>098765432111</td><td>级次</td><td colspan="2">市级</td></tr>
<tr><td>开户银行</td><td>工商银行滨城分行</td><td>收款国库</td><td colspan="3">市金库</td></tr>
<tr><td colspan="3">税款所属时期 2012 年 11 月 1 日～30 日</td><td colspan="4">税款限缴时期 2012 年 12 月 10 日</td></tr>
<tr><td>品目名称</td><td>课税数量</td><td>计税金额或销售收入</td><td colspan="2">税率或单位税额</td><td>已缴或扣除额</td><td>实缴金额</td></tr>
<tr><td>城市维护建设税</td><td></td><td></td><td colspan="2">7%</td><td></td><td></td></tr>
<tr><td>金额合计</td><td colspan="6">人民币(大写)</td></tr>
<tr><td>缴款单位(人)
(盖章)
经办人(章)</td><td>税务机关
(盖章)
填票人(章)</td><td colspan="3">上列款项已收妥并划转收款单位账户</td><td colspan="2">备注</td></tr>
</table>

逾期不缴按税法规定加收滞纳金

练习 10-42　12 月 31 日，结转本月的收入和费用，见表 1-10-14。

表 1-10-14　损益类账户余额表

账户名称	借方余额	贷方余额

练习 10-43　12 月 31 日，根据本月实现的利润总额(假设利润总额与应纳税所得额一致)，按 25%的税率计算所得税。见表 1-10-15 与凭证 1-10-69。

表 1-10-15　所得税计算表

应纳税所得额	所得税税率	应纳税所得额

凭证 1-10-69

中华人民共和国
税收通用缴款书

隶属关系：市级　　　　国税缴(09)第 2298 号

注册类型：股份有限公司　　　填发日期：2012 年 12 月 31 日

<table>
<tr><td rowspan="4">缴款单位(人)</td><td>代　码</td><td>3008911</td><td rowspan="3">预算科目</td><td>编码</td><td colspan="2"></td></tr>
<tr><td>全　称</td><td>宏伟针织服装公司</td><td>名称</td><td colspan="2">所得税</td></tr>
<tr><td>账　号</td><td>098765432111</td><td>级次</td><td colspan="2">市级</td></tr>
<tr><td>开户银行</td><td>工商银行白石路办事处</td><td colspan="2">收款国库</td><td colspan="2">市金库</td></tr>
<tr><td colspan="3">款项所属时期 2012 年 11 月 1 日～30 日</td><td colspan="4">税款限缴时期 2012 年 12 月 10 日</td></tr>
<tr><td>品目名称</td><td>课税数量</td><td>计税金额或销售收入</td><td colspan="2">税率或单位税额</td><td>已缴或扣除额</td><td>实缴金额</td></tr>
<tr><td>所得税</td><td></td><td></td><td colspan="2">25%</td><td></td><td></td></tr>
<tr><td>金额合计</td><td colspan="6">人民币(大写)　　　　　　　　　　　　　￥</td></tr>
<tr><td>缴款单位(人)
(盖章)
经办人(章)</td><td>税务机关
(盖章)
填票人(章)</td><td colspan="3">上列款项已收妥并划转收款单位账户</td><td colspan="2">备注</td></tr>
</table>

逾期不缴按税法规定加收滞纳金

练习 10-44　12 月 31 日，结转本月所得税费用，见表 1-10-16。

表 1-10-16　12 月净利润计算表

“本年利润”账户	借方发生额合计	贷方发生额合计	余额

练习 10-45　12 月 31 日，结转 12 月净利润，见表 1-10-17。

表 1-10-17　结转全年净利润

1～11 月净利润	12 月净利润	本年净利润合计

练习 10-46　12 月 31 日，按当年税后利润的 10%提取法定盈余公积金，见表 1-10-18。

表 1-10-18　盈余公积金提取计算表

2012 年度

1～11 月净利润	12 月净利润	本年净利润合计	法定盈余公积金提取比例	法定盈余公积金提取金额
			10%	

练习 10-47　12 月 31 日，应付投资人利润按可供分配利润的 40%计算，见表 1-10-19。

表 1-10-19　应付股利计算表

2012 年度　　单位：元

上年未分配利润	本年净利润	可供分配利润合计	分配比例	应付利润
			40%	

练习 10-48　12 月 31 日，年终结账。将“利润分配”其他明细账户余额转入“利润分配——未分配利润”账户。见表 1-10-20～表 1-10-22。

表 1-10-20　年终账户结转

	利润分配——未分配利润	利润分配——提取法定盈余公积	利润分配——应付利润
借方发生额			
贷方发生额			
余额			

表 1-10-21　资 产 负 债 表

会企 01 表

编制单位：　　年　月　日　　单位：元

资产	行次	期末余额	年初余额	负债和所有者权益	行次	期末余额	年初余额
流动资产：				流动负债：			
货币资金	1			短期借款	38		
交易性金融资产	2			交易性金融负债	39		
应收票据	3			应付票据	40		
应收账款	4			应付账款	41		
预付账款	5			预收账款	42		
应收利息	7			应付职工薪酬	44		
应收股利	8			应交税费	46		
其他应收款	10			应付利息	47		
存货	11			应付股利	48		
一年内到期的非流动资产	14			其他应付款	50		
其他流动资产	15		0	一年内到期的非流动负债	51		
流动资产合计	16			其他流动负债	52		
非流动资产：				流动负债合计	53		
可供出售金融资产	17			非流动负债：	54		
持有至到期投资	18			长期借款			
长期应收款	19			应付债券	55		
长期股权投资	20			长期应付款	56		
投资性房地产	22			专项应付款	57		
固定资产	23			预计负债	59		
在建工程	24			递延所得税负债	60		
工程物资	25			其他非流动负债	61		

续表

资产	行次	期末余额	年初余额	负债和所有者权益	行次	期末余额	年初余额
固定资产清理	26			非流动负债合计	62		
无形资产	29			负债合计	63		
开发支出	30			所有者权益(或股东权益):			
商誉	31			实收资本(或股本)	64		
长期待摊费用	35			资本公积	65		
递延所得税资产	38			减：库存股	66		
其他非流动资产	39			盈余公积	67		
非流动资产合计	40			未分配利润	68		
				所有者权益合计	69		
资产总计	41			负债和所有者权益总计	70		

表 1-10-22　利润表

会企 02 表

编制单位：　　　　　　　　　　　　年　　月　　　　　　　　　　　　单位：元

项　目	行次	本期金额	上期金额
一、营业收入	1		
减：营业成本	2		
营业税金及附加	3		
销售费用	4		
管理费用	5		
财务费用	6		
资产减值损失	7		
加：公允价值变动收益(损失以“—”号填列)	8		
投资收益(损失以“—”号填列)	9		
其中：对联营企业和合营企业的投资收益	10		
二、营业利润(亏损以”—”号填列)	14		
加：营业外收入	15		
减：营业外支出	16		
其中：非流动资产处置损失	17		
三、利润总额(亏损总额以“—”号填列)	19		
减：所得税费用	20		
四、净利润(净亏损以“—”号填列)	21		
五、每股收益	22		
其中：基本每股收益	23		
稀释每股收益	24		

相关资料见表 1-10-23～表 1-10-27。

表 1-10-23 岗位综合实验参考会计分录

单位：元

练习	日期	凭证号数	科目名称		借方	贷方
			借方	贷方		
	1	1	在途物资——丝光羊毛 应交税费——应交增值税（进项税额）	应付账款——同乐公司	48 000 8 160	56 160
10-1	1	2	在途物资——丝光羊毛（运费）	银行存款	600	6 00
	1	3	原材料	在途物资——丝光羊毛	48 600	48 600
10-2	3	4	应交税费——应交增值税（已交税金）	银行存款	45 200	45 200
10-3	4	5	银行存款	应收账款——博文商场 ——中宁商厦	116 000	44 000 72 000
		6	应付账款——旺昌公司	银行存款	33 640	33 640
10-4	5		不作分录			
10-5	5	7	管理费用——办公费	库存现金	190	190
10-6	6	8	应收账款——博文商场	主营业务收入——男羊毛内衣 应交税费——应交增值税（销项税额）	154 440	132 000 22 440
10-7	7	9	应收账款——中宁商厦	主营业务收入——女羊毛内衣 应交税费——应交增值税（销项税额）	93 600	80 000 13 600
10-8	7		不作分录			
10-9	7	10	销售费用——运输费	银行存款	1 400	1 400
10-10	8		原材料——全澳毛无结纱 应交税费——应交增值税（进项税额）	银行存款	16 000 2 720	18 720
10-11	9		不做分录			
10-12	10	11	原材料——全澳毛无结纱 应交税费——应交增值税（进项税额）	应付账款——旺昌公司	45 000 7 650	52 650
10-13	11	12	应付账款——荣发公司	银行存款	3 940	3 940

续表

练习	日期	凭证号数	科目名称		借方	贷方
			借方	贷方		
10-14	12	13	原材料——丝光羊毛 应交税费——应交增值税(进项税额)	应付账款——荣发公司	79 200 13 464	92 664
		14	原材料——丝光羊毛(运费)	银行存款	2 400	2 400
10-15			不作分录			
	15	15	汇总 1～15 日业务，汇总凭证			
10-16	13	16	银行存款	主营业务收入——男羊毛内衣 应交税费——应交增值税(销项税额)	123 552	105 600 17 952
10-17	14	17	库存现金	银行存款	1 200	1 200
10-18	14	18	管理费用——办公费	库存现金	170	170
10-19	15	19	原材料——全澳毛无结纱 应交税费——应交增值税(进项税额)	应付账款——旺昌公司	47 040	7 996.8 55 036.8
10-20	16	20	银行存款	应收账款——中宁商厦	93 600	93 600
10-21	16	21	应付账款——同乐公司	银行存款	56 160	56 160
10-22	16	22	银行存款	应收账款——博文商场	77 220	77 220
10-23	17	23	银行存款	主营业务收入——女羊毛内衣 应交税费——应交增值税(销项税额)	168 480	144 000 24 480
		24	销售费用——运输费	银行存款	2 400	2 400
10-24	18		不作分录			
10-25	18	25	管理费用——差旅费	其他应收款——刘方	690	690
		26	库存现金	其他应收款——刘方	10	10
10-26	21	27	应付账款——旺昌公司	银行存款	52 650	52 650
10-27	21	28	制造费用——办公费	银行存款	1 000	1 000

续表

练习	日期	凭证号数	科目名称 借方	科目名称 贷方	借方	贷方
10-28	22		不作分录			
10-29	24	29	应付职工新酬——福利费(医药费)	银行存款	3 120	3 120
10-30	26	30	应付职工新酬——工资	银行存款	38 800	38 800
10-31	28	31	应收账款——博文商场	主营业务收入——男羊毛内衣 应交税费——应交增值税(销项税额)	123 552	105 600 17 952
		32	销售费用——运输费	银行存款	3 300	3 300
10-32	31	33	生产成本——男羊毛内衣 ——女羊毛内衣 制造费用——材料费	原材料——丝光羊毛 ——全澳毛无结纱	117 396 124 711.2 13 044	156 528 98 623.2
10-33	31	34	生产成本——男羊毛内衣 ——女羊毛内衣 制造费用——工资 管理费用——工资	应付职工薪酬——工资	12 800 14 400 2 400 9 200	38 850
10-34	31	35	制造费用——电费 管理费用——电费 应交税费——应交增值税(进项)	银行存款	2 908 2 528 924.12	6 360.12
10-35	31	36	制造费用——折旧费 管理费用——折旧费	累计折旧	3 920 1 680	5 600
10-36	31	37	管理费用——保险费	其他应收款——待摊费用(保险费)	580	580
10-37	31	38	财务费用——利息 应付利息	银行存款	1 480 2 960	4 440
10-38	31	39	生产成本——男羊毛内衣 ——女羊毛内衣	制造费用	10 950 12 322	23 272
10-39	31	40	库存商品——男羊毛内衣	生产成本——男羊毛内衣	141 148	141 148
10-40	31	41	主营业务成本——男羊毛内衣 ——女羊毛内衣	库存商品——男羊毛内衣 ——女羊毛内衣	136 546.8 84 000	136 546.8 84 000

续表

练习	日期	凭证号数	科目名称 借方	科目名称 贷方	借方	贷方
10-41	31	42	营业税金及附加——城市维护建设税	应交税费——城市维护建设税	3 885.64	3 885.64
10-42	31	43	主营业务收入	本年利润	567 200	567 200
		44	本年利润	主营业务成本 营业税金及附加 管理费用 销售费用 财务费用	248 050.44	220 546.8 3 885.64 15 038 7 100 1 480
10-43	31	45	所得税费用	应交税费——应交所得税	79 787.39	79 787.39
10-44	31	46	本年利润	所得税费用	79 787.39	79 787.39
10-45	31	47	本年利润	利润分配——未分配利润	3 239 362.17	3 239 362.17
10-46	31	48	利润分配——提取法定盈余公积	盈余公积——提取法定盈余公积	323 936.22	323 936.22
10-47	31	49	利润分配——应付利润	应付利润	1 312 342.47	1 312 342.47
10-48	31	50	利润分配——未分配利润	利润分配——提取法定盈余公积 ——应付利润	1 636 278.69	323 936.22 1 312 342.47
	31	51	汇总 16～31 日业务，汇总凭证			

表 1-10-24　科目汇总表

2012 年 12 月 1 日至 15 日汇总　　单位：元

会计科目	本期发生额 借　方	本期发生额 贷　方	总账页次
库存现金	1 200.00	360.00	
银行存款	239 552.00	107 100.00	
应收账款	248 040.00	116 000.00	
在途物资	238 240.00	238 240.00	
原材料	238 240.00		
应付账款	37 580.00	256 510.80	
应交税费	85 190.80	53 992.00	
主营业务收入		317 600.00	

续表

会计科目	本期发生额		总账页次
	借 方	贷 方	
管理费用	360.00		
销售费用	1 400.00		
合 计	5 126 629.80	5 126 629.80	

记账凭证自 1 ~ 24 号 共 24 张

复核 制表

表 1-10-25 科目汇总表

2012 年 12 月 16 日至 31 日 汇总 单位：元

会计科目	本期发生额		总账页次
	借 方	贷 方	
库存现金	10.00		
银行存款	339 300.00	168 230.12	
应收账款	123 552.00	170 820.00	
其他应收款		1 280.00	
原材料		255 154.84	
库存商品	140 679.60	220 230.90	
累计折旧		5 600.00	
应付账款	1 088 810.00		
应交税费	924.12	125 934.01	
应付职工薪酬	41 920.00	38 800.00	
应付利息	2 960.00		
应付股利		1 312 137.24	
制造费用	22 272.40	22 272.40	
生产成本	291 582.84	140 679.60	
主营业务收入	567 200.00	249 600.00	
主营业务成本	220 230.90	220 230.90	
管理费用	15 678.00	16 038.00	
销售费用	5 700.00	7 100.00	
财务费用	1 480.00	1 480.00	
营业税金及附加	3 885.64	3 885.64	
所得税费用	79 616.37	79 616.37	
本年利润	3 567 200.00	3 567 200.00	
利润分配	3 272 044.30	4 874 871.24	
盈余公积		323 884.91	
合 计	8 805 046.17	8 805 046.17	

记账凭证自 1 ~ 56 号 共 56 张

复核 制表

表 1-10-26　利润表

会企 02 表

编制单位：　宏伟针织服装公司　　　　　2012 年　12　　月　　　　　　　　　　单位：元

项　　目	行次	本期金额	上期金额
一、营业收入	1	567 200.00	
减：营业成本	2	220 230.90	
营业税金及附加	3	3 885.64	
销售费用	4	7 100.00	
管理费用	5	16 038.00	
财务费用	6	1 480.0	
资产减值损失	7	—	
加：公允价值变动收益(损失以“—”号填列)	8	—	
投资收益(损失以“—”号填列)	9	—	
其中：对联营企业和合营企业的投资收益	10	—	
二、营业利润(亏损以“—”号填列)	14	318 465.46	
加：营业外收入	15	—	
减：营业外支出	16	—	
其中：非流动资产处置损失	17	—	
三、利润总额(亏损总额以“—”号填列)	19	318 465.46	
减：所得税费用	20	79 616.37	
四、净利润(净亏损以“—”号填列)	21	238 849.09	
五、每股收益	22	—	
其中：基本每股收益	23	—	
稀释每股收益	24	—	

表 1-10-27　资 产 负 债 表

会企 01 表

编制单位：宏伟针织服装公司　　　　　2012 年　12 月　31 日　　　　　　　　　　单位：元

资产	行次	期末余额	年初余额	负债和所有者权益	行次	期末余额	年初余额
流动资产：				流动负债：			
货币资金	1	346 3997.88		短期借款	38	100 000.00	
交易性金融资产	2			交易性金融负债	39		
应收票据	3			应付票据	40		
应收账款	4	200 772.00		应付账款	41	144 700.80	
预付账款	5			预收账款	42		
应收利息	7			应付职工薪酬	44	55 680.00	
应收股利	8			应交税费	46	139 011.09	
其他应收款	10			应付利息	47		
存货	11	393 597.10		应付股利	48		

续表

资产	行次	期末余额	年初余额	负债和所有者权益	行次	期末余额	年初余额
一年内到期的非流动资产	14			其他应付款	50		
其他流动资产	15			一年内到期的非流动负债	51		
流动资产合计	16	4 058 366.98		其他流动负债	52		
非流动资产：				流动负债合计	53	1 754 529.13	
可供出售金融资产	17			非流动负债：	54		
持有至到期投资	18			长期借款			
长期应收款	19			应付债券	55		
长期股权投资	20			长期应付款	56		
投资性房地产	22			专项应付款	57		
固定资产	23	687 068.00		预计负债	59		
在建工程	24			递延所得税负债	60		
工程物资	25			其他非流动负债	61		
固定资产清理	26			非流动负债合计	62		
无形资产	29			负债合计	63	1 754 529.13	
开发支出	30			所有者权益(或股东权益)：			
商誉	31			实收资本(或股本)	64	930 000.00	
长期待摊费用	35			资本公积	65		
递延所得税资产	38			减：库存股	66		
其他非流动资产	39			盈余公积	67	416 584.91	
非流动资产合计	40	687 068.00		未分配利润	68	1 644 320.94	
				所有者权益(或股东权益)合计	69	2 990 905.85	
资产总计	41	4 745 434.98		负债和所有者权益总计	70	4 745 434.98	

实 验 小 结

本实验介绍了企业会计工作岗位的设置，每个岗位的工作职责、作用及工作内容。会计岗位之间的分工与协作。

本实验重点训练模拟企业实际工作环境，分小组、分岗位进行真实会计核算，每小组共同完成一个企业的一个会计循环过程。

实验思考题

1．各个岗位在具体进行核算时应注意什么？如何提高工作效率？
2．在实际工作中怎样设置岗位更合理？
3．通过岗位综合实验你有哪些体会？

第二部分　习　　题

第一章　会计基本理论

一、单项选择题

1．会计的基本职能是(　　)。

A．反映与核算　B．核算与监督　C．反映与分析　D．控制与监督

2．近代会计的主要标志是(　　)。

A．单式簿记　B．复式簿记　C．电算化会计　D．官厅会计

3．会计核算时，统一的计量标准是(　　)。

A．劳动度量　B．货币度量　C．实物度量　D．其他度量

4．以下属于企业会计核算前提的是(　　)。

A．权责发生制　B．会计分期　C．历史成本　D．收付实现制

5．我国现行《企业会计准则》是(　　)修订的。

A．1993 年　B．1999 年　C．2006 年　D．2009 年

6. 企业处理会计业务的方法和程序在不同的会计期间要保持前后一致，不得随意改变，这符合(　　)的要求。

A．有用性　B．可比性　C．客观性　D．重要性

7．会计对象的具体划分标准是(　　)。

A．会计科目　B．会计原则　C．会计要素　D．会计账户

8．《企业会计准则》规定，企业的会计核算应以(　　)为基础。

A．永续盘存制　B．权责发生制　C．收付实现制　D．实地盘存制

9．资产是企业拥有或控制的资源，该资源预期会给企业带来(　　)。

A．经济利益　B．经济资源　C．经济效果　D．经济效益

10．某企业的存货计价，前年采用先进先出法，去年改为后进先出法，今年又改用加权平均法，该企业的做法主要违背了(　　)的要求。

A．客观性　B．谨慎性　C．可比性　D．重要性

11．会计基本恒等式是指(　　)。

A．资产＝权益　B．资产＝负债＋所有者权益

C．收入－费用＝利润　D．资产＝负债＋所有者权益＋收入－费用

12．会计核算将企业持续、正常的生产经营活动视为基本前提，通常被称为(　　)。

A．会计假设　B．会计分析

C．持续经营　D．会计主体

13．(　　)作为会计核算的基本前提，就是将特定主体持续不断的生产经营活动人为地划分为若干期间。

A．会计分期　B．会计主体　C．会计年度　D．会计制度

14．会计核算必须以实际发生的经济业务及证明经济业务发生的合法性凭证为依据，应当遵循(　　)的要求。

A．可靠性　　B．一致性　　C．合法性　　D．可理解性

15．会计核算在全面反映企业财务状况和经营成果的基础上，对于重要的经营业务应当分别核算、单独反映，所遵循的是(　　)的要求。

A．谨慎性　　B．重要性　　C．谨慎性　　D．可靠性

16．只有在采用权责发生制核算基础的情况下，才需要设置(　　)账户。

A．“银行存款”　　B．“本年利润”

C．“长期待摊费用”　　D．“实收资本”

17．所有者权益的特征不包括(　　)。

A．不需要偿还　　B．需要偿还

C．无优先清偿权　　D．有参与剩余利润分配的权利

18．下列各项中属于流动负债的有(　　)。

A．国库券　　B．预收账款　　C．实收资本　　D．对外单位投入现金

19．下列各项中属于流动资产的有(　　)。

A．现金　　B．运输设备　　C．专利权　　D．开办费

二、多项选择题

1．下列属于会计核算基本前提的是(　　)。

A．会计主体　　B．持续经营　　C．会计分期　　D．货币计量

2．无论在权责发生制还是在收付实现制下均应作为本期收入和费用的有(　　)。

A．上月售货，价款本月收到　　B．以银行存款支付本月保险费

C．本月售货，价款已收到　　D．以银行存款预付下月办公楼租金

3．会计主体可以是(　　)。

A．一个营利性组织　　B．具备“法人”资格的实体

C．不具备“法人”资格的实体　　D．一个非营利性组织

4．下列属于会计信息质量要求的是(　　)。

A．可比性　　B．及时性　　C．可靠性　　D．谨慎性

5．会计计量属性主要有(　　)。

A．历史成本　　B．重置成本　　C．可变现净值　　D．现值和公允价值

6．根据《企业会计准则》的规定，会计要素包括(　　)。

A．资产和负债　　B．费用和收入　　C．利得和损失　　D．利润和所有者权益

7．广义的权益概念包括(　　)。

A．资产　　B．负债　　C．费用　　D．所有者权益

8．下列属于流动资产的有(　　)。

A．企业的办公楼　　B．存放在仓库的材料

C．存放在仓库的产成品　　D．车间的机器

9．下列属于企业资产项目的有(　　)。

A．预付账款　　B．在产品

C．预收账款　　D．租入包装物暂付的押金

10．下列属于企业负债项目的有(　　)。

A．应付账款　　B．厂长暂借的差旅费

C．实收资本　　D．预收账款

11．构成企业所有者权益的是(　　)。

A．实收资本　　B．资本公积　　C．盈余公积　　D．未分配利润

12．企业的非流动资产包括(　　)。

A．存货　　B．长期股权投资

C．固定资产　　D．无形资产

13．现代会计的两大分支是(　　)。

A．管理会计　　B．财务会计　　C．成本会计　　D．电算化会计

14．下列属于会计职能的有(　　)。

A．核算　　B．分析　　C．监督　　D．预测和决策

三、名词解释

1．会计主体　　2．持续经营

3．会计分期　　4．货币计量

5．可靠性　　6．相关性

7．可比性　　8．及时性

9．可理解性　　10．权责发生制

11．谨慎性　　12．重要性

13．实质重于形式　　14．收付实现制

15．配比原则　　16．历史成本

17．资产　　18．负债

19．所有者权益　　20．收入

21．费用　　22．利润

四、判断题

1．会计主体是一个独立核算的单位，应独立于其所有者和其他会计主体。　(　　)

2．历史成本计量属性是指企业的各种资产应当按其取得或购建时发生的实际成本计价。　(　　)

3．在法律上，个人独资企业和合伙企业都没有独立的法人资格，不具备独立的行为能力，在会计上也不能作为独立的会计主体对待。　(　　)

4．谨慎性要求在会计核算工作中，做到谨慎、谦虚，不夸大企业的成绩。　(　　)

5．可比性只是对不同企业会计信息相互可比的角度提出的质量要求。　(　　)

6．某一会计事项是否具有重要性，在很大程度上取决于会计人员的职业判断。对于同一会计事项，在某一企业具有重要性，在另一企业则不一定具有重要性。　(　　)

7．根据权责发生制的要求，即使不属于当期的收入，只要款项已在当期收到，就应作为当期收入予以确认。　(　　)

8．资产可以是有形的，如商品、产品、汽车等，但也可以是无形的，如商誉等。(　　)

9．负债与所有者权益都属于权益，都需要到期偿还。（　）

10．会计期间的划分是配合企业经营的自然现象，而不是人为地划分。（　）

11．企业一旦决定了某种经济业务的会计处理方法，就必须沿用下去，永不得变更。（　）

12．《企业会计准则》规定，企业应当以日历年度作为会计年度。（　）

13．相关性是指会计人员提供的信息要与企业领导人的要求相关。（　）

14．法律主体必定是会计主体，会计主体也必定是法律主体。（　）

15．根据权责发生制，收入和费用的确认并不完全取决于款项是否已经收付。（　）

16．谨慎性要求是指对于具有估计性质的会计事项应当谨慎从事，应当合理预计可能发生的损失和费用，但不预计或少预计可能带来的收益，因此，可以低估收入，高估成本，可以设置秘密准备。（　）

17．配比原则是指会计核算中收入与其相关的成本、费用应相互配比。（　）

18．《企业会计准则》主要分为两个层次：一是基本准则，二是具体准则。（　）

19．货币计量包含着币值稳定的假设。（　）

20．由于会计分期才产生了权责发生制和收付实现制。（　）

五、简答题

1．什么是会计？

2．会计是适应什么样的需要而产生和发展的？

3．会计核算职能的特点是什么？

4．会计监督职能的特点是什么？

5．试述会计的一般对象。

6．会计要素有哪些？各自的含义是什么？

7．会计核算的主要方法有哪些？它们之间有什么联系？

六、业务题

1．用线连接左右两方各个项目：

① 运输车辆	A．流动资产
② 预付账款	
③ 库存现金	B．固定资产
④ 土地使用权	
⑤ 原材料	C．所有者权益
⑥ 应付账款	
⑦ 银行借款	D．无形资产
⑧ 股本	
⑨ 未分配利润	E．长期股权投资
⑩ 建筑物	
⑪ 购买股票投资	F．负债

2．资料：某公司 3 月部分经济业务如下：

(1) 收到上月销货款 5 000 元。

(2) 销售产品 78 000 元，其中 54 000 元已收到现款，存入银行，其余货款尚未收到。

(3) 预收销货款 32 000 元。

(4) 计算第一季度借款利息共计 3 600 元，尚未支付。

(5) 支付本月水电费 2 400 元。

(6) 本月提供劳务收入 2 600 元，尚未收款。

(7) 预付下一季度房租 3 600 元。

(8) 年初已支付全年财产保险费 14 400 元，由各月平均负担。

(9) 上月预收货款的产品本月发出，实现收入 23 000 元。

(10) 预计下月发生大修理支出 8 000 元，本月应负担 2 000 元。

要求：

(1) 分别用权责发生制和收付实现制列表计算 3 月的收入、费用和利润。

(2) 比较两种会计基础下的利润总额，并予以简要的说明。

第二章　账户与复式记账

一、单项选择题

1．经济业务发生仅涉及资产这一会计要素时，只引起该要素中某些项目发生(　　)。

A．同增变动　　B．同减变动

C．一增一减变动　　D．一增二减变动

2．资产类账户的余额一般在(　　)。

A．借方　　B．借方或贷方　　C．贷方　　D．借方和贷方

3．会计科目与账户的关系是(　　)。

A．二者完全一样　　B．会计科目是账户的名称

C．不相关　　D．二者都表示结构

4．以下不应记在账户左方的有(　　)。

A．现金的增加　　B．银行存款的增加

C．资本增加　　D．资本减少

5．记账规则的表现载体是(　　)。

A．记账符号　　B．会计分录　　C．记账方法　　D．会计科目

6．负债类账户期末余额的计算公式与(　　)相同。

A．收入类账户　　B．资产类账户

C．所有者权益类账户　　D．成本类账户

7．采购员预借差旅费，所引起的会计要素变化是(　　)。

A．资产和负债同时增加

B．资产和负债同时减少

C．资产中一个项目减少，另一个项目增加

D．负债中一个项目减少，另一个项目增加

8．上缴欠缴税金的业务，将使(　　)。

A．企业的资产总额增加

B．“资产＝负债＋所有者权益”的会计恒等式受到破坏

C．企业的负债总额增加

D．企业的资产和负债同时减少

9．假如某企业某类资产账户本期期初余额为 5 600 元，本期期末余额为 5 700 元，本期减少发生额为 800 元，则该企业本期增加发生额为(　　)元。

A．900　　B．10 500　　C．700　　D．12 100

10．购进材料未付款时，这笔未结算的款项作为一项(　　)加以确认。

A．资产　　B．负债　　C．费用　　D．收入

11．某企业 2009 年年末负债与所有者权益的比例为 1∶3，则负债是资产的(　　)。

A．40%　　B．25%　　C．75%　　D．33%

12．复式记账法对每项经济业务都以相等的金额在(　　)。

A．一个账户中进行登记　　B．两个账户中进行登记

C．全部账户中进行登记　　D．两个或两个以上账户中进行登记

13．存在对应关系的账户称为(　　)。

A．对应账户　　B．平衡账户　　C．总分类账户　　D．联系账户

14．在借贷记账法下，所有者权益账户的期末余额等于(　　)。

A．期初贷方余额＋本期贷方发生额－本期借方发生额

B．期初借方余额＋本期贷方发生额－本期借方发生额

C．期初借方余额＋本期借方发生额－本期贷方发生额

D．期初贷方余额＋本期借方发生额－本期借方发生额

15．借贷记账法发生额试算平衡的依据是(　　)。

A．会计等式　　B．资金变化业务类型

C．账户的结构　　D．借贷记账规则

16．在借贷记账法下，为保持账户之间的对应关系，一般不宜编制(　　)的会计分录。

A．一借一贷　　B．多借一贷　　C．一借多贷　　D．多借多贷

17．企业经营取得净利润将导致(　　)。

A．所有者权益的增加　　B．负债的增加

C．会计等式的不平衡　　D．资本的增加

18．下列业务引起资产与负债同时减少的有(　　)。

A．收到股东追加投资　　B．偿付赊购欠款

C．宣告发放股利　　D．借入银行借款

19．下列业务不影响所有者权益的是(　　)。

A．可转换债券转成股本　　B．发放已宣告未发放的现金股利

C．发行股票　　D．接受捐赠一块土地

20．下列业务不影响资产的有(　　)。

A．赊购原材料　　B．赊销库存商品

C．宣告分派现金股利　　D．借入银行借款

21．借贷记账法的理论基础是(　　)。

A．会计要素　　B．会计等式　　C．会计假设　　D．复式记账法

22．借贷记账法下，借方记增加的账户有(　　)账户。

A．“实收资本”　　B．“主营业务收入”

C．“预付账款”　　D．“应付账款”

23．复式记账法是指任何一笔经济业务都必须以相等的金额在两个或两个以上有关账户中(　　)地进行登记。

A．一个记增加，另一个记减少　　B．两个都记增加

C．两个都记减少　　D．相互联系

24．试算平衡不能保证(　　)。

A．余额平衡　　B．发生额平衡　　C．记账正确　　D．借贷必相等

二、多项选择题

1．企业的非流动资产包括(　　)。

A．存货　　B．长期股权投资

C．长期待摊费用　　D．无形资产

2．资产按其流动性可以分为(　　)。

A．流动资产　　B．非流动资产　　C．无形资产　　D．固定资产

3．收入要素的特征是(　　)。

A．表现为资产的增加或债务的减少

B．所有的货币资产的流入都是收入

C．并非所有的货币资产的流入都是收入

D．会引起所有者权益的增加

4．账户的基本结构一般包括(　　)。

A．账户的名称　　B．日期和摘要　　C．增减金额　　D．凭证号数

5．企业实收资本增加的途径主要有(　　)。

A．接受捐赠　　B．投资人投入　　C．盈余公积转增　D．资本公积转增

6．下列项目中，能同时引起资产和所有者权益发生增减变化的项目有(　　)。

A．投资者投入资本　　B．用资本公积转增资本

C．接受捐赠　　D．计提向投资者分配的利润

7．企业计算某账户本期期末余额，要依据(　　)才能计算出来。

A．本期增加发生额　　B．本期增减净额

C．本期期初余额　　D．本期减少发生额

8．一项所有者权益增加的同时，引起的另一方面变化可能是(　　)。

A．一项资产增加　　B．一项负债增加

C．一项负债减少　　D．另一项所有者权益减少

9．企业发生费用可表现为(　　)。

A．资产的减少　　B．负债的增加　　C．利润的减少　　D．收入的减少

10．下列经济业务使资产与负债项目同时减少的是(　　)。
A．收到短期借款存入银行　　B．以银行存款偿还应付账款
C．从银行提取备用金　　D．现金支付应付股利
11．下列经济业务中，使资产项目之间此增彼减的有(　　)。
A．从银行体现
B．以银行存款支付购买原材料款
C．以银行存款支付购买固定资产款
D．以银行存款偿还前欠购货款
12．设置会计账户应遵循的原则有(　　)。
A．必须结合会计对象的特点
B．要保持相对稳定性
C．要符合企业内部经营管理的需要
D．要做到统一性与灵活性相结合
13．在借贷记账法下，属于资产类账户的有(　　)账户。
A．“银行存款”　　B．“实收资本”
C．“交易性金融资产”　　D．“管理费用”
14．在借贷记账法下，期末结账后，一般有余额的账户有(　　)。
A．资产类账户　B．收入类账户　C．负债类账户　D．费用类账户
15．借贷记账法下账户的借方登记(　　)。
A．资产增加　B．费用减少　C．负债减少　D．所有者权益减少
16．(　　)记在账户的借方。
A．资产类账户金额增加　　B．资产类账户金额减少
C．负债类账户金额减少　　D．收入类账户金额增加
17．试算平衡无法发现的错误有(　　)。
A．某笔经济业务未入账
B．应借应贷的账户中借贷方向颠倒
C．借贷双方一方多记金额，一方少记金额
D．借贷双方同时少记金额
18．在借贷记账法中，账户期末余额在借方的有(　　)。
A．资产类账户　　B．负债类账户
C．所有者权益类账户　　D．成本类账户
19．账户的结构，一般来说，应包括(　　)。
A．账户借方登记的内容　　B．账户贷方登记的内容
C．账户期末余额及其方向　　D．账户余额反映的内容
20．总分类账户和所属明细分类账户平行登记的要点是(　　)。
A．同方向　B．同时间　C．同依据　D．同金额

三、名词解释

1．会计科目　　2．会计账户
3．试算平衡　　4．借贷记账法

5. 会计分录　　6. 简单会计分录

7. 复合会计分录

四、判断题

1. 经济业务的发生可能对会计恒等式的平衡关系产生影响。 ( )
2. 会计恒等式在任何一个时点上都是平衡的。 ( )
3. 会计恒等式所体现的平衡关系原理，是复式记账的理论依据。 ( )
4. 资产、负债与所有者权益的平衡关系是反映企业资金运动的静态状况，如考虑收入、费用等动态因素，则资产与权益总额的平衡关系必然被打破。 ( )
5. 由于企业的所有者权益在数量上等于企业的净资产，即资产与负债的差额，因而对于所有者权益的计量可以通过对相应资产或负债的计量间接进行。 ( )
6. 会计科目是会计要素内容的性质标志，账户是对会计要素内容进行核算的形式。 ( )
7. 只要是资产类账户，借方一律记增加，贷方一律记减少。 ( )
8. 如果试算表中借贷不平衡，说明记账或算账有错误；如果借贷平衡，则说明记账正确无误。 ( )
9. 任何流入企业的资产都可以定义为收入。 ( )
10. 账户是以会计科目命名的，所以会计科目是账户的名称。 ( )
11. 编制会计分录属于会计核算方法。 ( )
12. 会计核算中采用加速折旧法、计提坏账准备等方法是谨慎性要求的具体体现。( )
13. 收入和费用类账户期末一般无余额。 ( )
14. 资产是一种经济资源，具体表现为具有各种实物形态的资产。 ( )
15. “资产＝负债＋所有者权益”的平衡等式适用于所有企业的会计核算。 ( )
16. 经济业务发生后若引起某个资产项目的金额增加，必定引起某个负债项目或所有者权益项目的金额增加。 ( )
17. 任何一笔会计分录都必须同时具备记账符号、账户名称和应记金额 3 项要素。 ( )
18. 在其他条件不变的情况下，本期发生的期间费用必定减少本期的利润。 ( )
19. 在所有的账户中，左方均登记增加额，右方均登记减少额。 ( )
20. 复式记账法由于是以相等的金额在相应账户中登记，所以便于检查账簿记录的正确性。 ( )
21. 某一账户本期借方发生额合计和贷方发生额合计一定相等。 ( )
22. 所有账户期末借方余额合计一定等于贷方余额合计。 ( )
23. 负债类账户或所有者权益类账户的增加金额记在账户的贷方。 ( )
24. 通过试算平衡检查账簿记录后，若左右平衡就可肯定记账没有错误。 ( )
25. 在借贷记账法下，借贷作为记账符号已经失去了原来的含义，因此对于所有账户来说，借表示增加，贷表示减少。 ( )
26. 借贷记账法下账户的基本结构是，左方为借方，登记资产、费用的增加，权益的减少和收入的结转。 ( )

五、简答题

1. 什么是会计科目？为什么要设置会计科目？
2. 设置会计科目应遵循哪些原则？
3. 什么是账户？账户的基本结构如何？
4. 会计科目与账户的关系如何？
5. 账户中所记录的金额有哪几种？它们之间的关系如何？
6. 经济业务的发生对资产与权益(负债及所有者权益)的影响有哪几种类型？
7. 什么是复式记账法？什么是单式记账法？各有哪些主要特点？
8. 什么是借贷记账法？借贷记账法下账户结构、记账规则和试算平衡的特点是什么？
9. 简述会计分录及其种类。

六、业务题

1．某企业 2012 年 12 月 31 日的资产、负债和所有者权益的状况见表 2-2-1。

表 2-2-1　资产、负债和所有者权益状况　　单位：元

资产	金额	负债和所有者权益	金额
库存现金	1 000	短期借款	10 000
银行存款	27 000	应付账款	32 000
应收账款	35 000	应交税费	9 000
原材料	52 000	长期借款	B
长期股权投资	A	实收资本	240 000
固定资产	200 000	资本公积	23 000
合计	375 000	合计	C

根据表 2-2-1 回答：

(1) 表中应填的数据为 A (　　)，B (　　)，C (　　)。

(2) 计算该企业的流动资产总额。

(3) 计算该企业的负债总额。

(4) 计算该企业的净资产总额。

2．用直线连接，说明下列各项目的归属。

① 固定资产　　　　A．期末余额在借方
② 原材料
③ 管理费用
④ 预收账款　　　　B．期末余额在贷方
⑤ 制造费用
⑥ 财务费用
⑦ 主营业务收入　　C．期末一般无余额
⑧ 实收资本

3．星海公司 2012 年 7 月 31 日的资产负债表显示资产总计 375 000 元，负债总计 112 000 元，所有者权益总计 263 000 元，该公司 2012 年 8 月发生如下经济业务：

(1) 用银行存款购入全新机器一台，价值 30 000 元。

(2) 投资者投入原材料，价值 10 000 元。

(3) 以银行存款偿还所欠供应单位账款 5 000 元。

(4) 收到购货单位所欠账款 8 000 元，收存银行。

(5) 将一笔长期借款 50 000 元转化为对企业的投资。

(6) 按规定将 20 000 元资本公积转增资本。

要求：

(1) 根据 8 月发生的经济业务，分析说明引起会计要素变化的情况。

(2) 计算 8 月末星海公司的资产总额、负债总额和所有者权益总额。

4．星海公司 2012 年 8 月有关账户记录如下：

库存现金　　　　单位：元

期初余额	150		
(1)	500	(5)	350
(9)	100		
期末余额	400		

原材料

期初余额	98 000		
(2)	82 000	(4)	150 000
(7)	58 600		
期末余额	88 600		

固定资产

期初余额	370 000		
(3)	124 000		
期末余额	494 000		

银行存款

期初余额	89 600		
(6)	15 800	(1)	500
(8)	30 000	(5)	70 000
(9)	20 000	(7)	58 600
		(10)	20 000
期末余额	6 300		

应收账款

期初余额	45 800		
		(6)	15 800
		(9)	20 100
期末余额	9 900		

实收资本

		期初余额	483 000
		(3)	124 000
		期末余额	607 000

生产成本

期初余额	42 280		
(4)	150 000		
期末余额	192 280		

应付账款

		期初余额	35 800
(5)	70 350	(2)	82 000
		期末余额	47 450

短期借款

		期初余额	127 030
(10)	20 000	(8)	30 000
		期末余额	137 030

要求：根据上述账户记录，补编会计分录，并说明每笔经济业务的内容。

5．深达公司 2012 年 10 月初有关账户余额见表 2-2-2。

表 2-2-2　深达公司 2012 年 10 月初有关账户余额

资产	金额	负债和所有者权益	金额
库存现金	1500	短期借款	195 000
银行存款	45 000	应付账款	142 500
原材料	90 000	应交税费	9 000
应收账款	47 700	长期借款	186 000
库存商品	60 000	实收资本	304 200
生产成本	22 500	资本公积	140 000
长期股权投资	180 000	盈余公积	70 000
固定资产	600 000		
合计	1 046 700	合计	1 046 700

该公司本月发生下列经济业务：

(1) 购进机器设备一台，价值 10 000 元，以银行存款支付。

(2) 从银行提取现金 1 000 元。

(3) 购入原材料一批 20 000 元，以银行存款支付。

(4) 生产车间向仓库领用材料一批 40 000 元，投入生产。

(5) 以银行存款 22 500 元，偿还应付供货单位货款。

(6) 向银行取得长期借款 150 000 元，存入银行。

(7) 以银行存款上交上月所得税 9 000 元。

(8) 收到投资人投资 5 000 元，存入银行。

(9) 收到购货单位前欠货款 18 000 元，其中 16 000 元存入银行，其余部分收到现金。

(10) 以银行存款 48 000 元，归还银行短期借款 20 000 元和应付购货单位账款 28 000 元。

要求：

(1) 根据以上资料编制会计分录，并记入有关账户。

(2) 编制发生额及余额试算平衡表。

6．某企业 2012 年 7 月 1 日资产项目合计为 800 000 元，负债项目合计为 210 000 元，所有者权益项目合计为 590 000 元。该企业 2012 年 7 月发生下列经济业务：

(1) 购入材料一批，已入库，金额 6 000 元，材料款尚未支付。

(2) 购入材料一批，已入库，金额 4 000 元，材料款以银行存款支付。
(3) 投资者追加投入设备一台，价值 70 000 元。
(4) 从银行借入流动资金 40 000 元，并存入银行账户。
(5) 收到购货单位归还所欠货款 20 000 元，并存入银行。
(6) 以现金 1 000 元支付采购员出差预借的差旅费。
(7) 以银行存款 30 000 元偿还短期借款。
(8) 以银行存款 30 000 元缴纳应交税费。
(9) 以银行存款 10 000 元偿付前欠购货款。
(10) 从银行提取现金 4 000 元。
(11) 将盈余公积 10 000 元用于转增资本。

要求：

(1) 根据上述业务编制相应的会计分录。
(2) 计算 7 月末资产、负债和所有者权益 3 类会计要素的总额，并列示出会计等式。

第三章 会 计 凭 证

一、单项选择题

1. 领料单汇总表属于(　　)。
   A. 一次凭证　　B. 累计凭证　　C. 单式凭证　　D. 汇总原始凭证
2. 下列属于外来原始凭证的是(　　)。
   A. 入库单　　B. 发料汇总表
   C. 银行收账通知单　　D. 出库单
3. 原始凭证的基本内容中，不包括(　　)。
   A. 日期及编号　　B. 内容及摘要
   C. 实物数量及金额　　D. 会计账户
4. 下列业务应编制转账凭证的是(　　)。
   A. 支付购买材料价款　　B. 支付材料运杂费
   C. 收回出售材料款　　D. 车间领用材料
5. 下列账户可能是收款凭证贷方账户的是(　　)账户。
   A. “制造费用”　　B. “管理费用”
   C. “应收账款”　　D. “坏账准备”
6. 将会计凭证分为原始凭证与记账凭证的依据是(　　)。
   A. 填制时间　　B. 取得来源
   C. 填制的程序和用途　　D. 反映的经济内容
7. 原始凭证是(　　)。
   A. 登记日记账的依据　　B. 编制记账凭证的依据
   C. 编制科目汇总表的依据　　D. 编制汇总记账凭证的依据
8. 制造费用分配表是(　　)。
   A. 外来原始凭证　　B. 通用记账凭证

C．累计凭证　　D．记账编制凭证

9．根据账簿记录和经济业务的需要而编制的自制原始凭证是(　　)。

A．转账凭证　B．累计凭证　C．限额领料单　D．记账编制凭证

10．限额领料单是一种(　　)。

A．一次凭证　B．累计凭证　C．汇总凭证　D．单式凭证

11．某企业销售产品一批，部分货款收存银行，部分货款对方暂欠，该企业应填制(　　)。

A．收款凭证和付款凭证　　B．收款凭证和转账凭证

C．付款凭证和转账凭证　　D．两张转账凭证

12．下列单据中，不能作为记账用的原始凭证的是(　　)。

A．材料请购单　B．收料单　C．限额领料单　D．退料单

13．严格地讲，填制记账凭证的依据是(　　)。

A．真实的原始凭证　　B．自制的原始凭证

C．外来的原始凭证　　D．审核无误的原始凭证

14．从银行提取现金 1 000 元备用，出纳人员应填制(　　)。

A．付款凭证　B．收款凭证　C．转账凭证　D．原始凭证

15．会计分录应先填写在(　　)上。

A．原始凭证　B．记账凭证　C．总账　D．明细账

16．根据把现金存入银行或从银行提现的经济业务编制凭证时，(　　)。

A．同时编制收款凭证和付款凭证

B．只编制收款凭证，不编制付款凭证

C．只编制付款凭证，不编制收款凭证

D．编制一张转账凭证

17．原始凭证分为自制原始凭证和外来原始凭证，其分类依据是(　　)。

A．反映业务的方法　　B．填制程序和用途

C．填制方法　　D．取得的来源

18．下列属于自制原始凭证的是(　　)。

A．购货发票　　B．银行收账通知

C．销货发票　　D．税务缴款书

19．下列属于外来原始凭证的是(　　)。

A．收料单　B．工资计算表　C．入库单　D．信汇凭证

20．(　　)是记录经济业务，明确经济责任，按一定格式编制的据以登记账簿的书面证明。

A．会计凭证　　B．记账凭证

C．原始凭证　　D．自制凭证

21．制造业企业中的限额领料单从分类上看，属于(　　)。

A．一次凭证　　B．累计凭证

C．转账凭证　　D．汇总原始凭证

22．发出材料汇总表是一种(　　)。

A．汇总原始凭证　　B．外来原始凭证

C．记账凭证　　　　　　　　D．付款凭证

23．将记账凭证分为单式记账凭证和复式记账凭证的依据是(　　)。

A．经济业务内容　　　　　　B．填制单位

C．填制方式　　　　　　　　D．用途

24．付款凭证中的贷方账户(　　)。

A．一定是“银行存款”账户

B．一定是“库存现金”账户

C．一定是“库存现金”或“银行存款”账户

D．无法确定

25．下列关于科目汇总表的说法正确的是(　　)。

A．科目汇总表不能反映科目的对应关系

B．需要编制简单会计分录

C．增加了登记总账的工作量

D．不能进行试算平衡

二、多项选择题

1．下列属于一次凭证的有(　　)。

A．限额领料单　　　　　　　B．领料单

C．销货发票　　　　　　　　D．购货发票

2．记账凭证编制的依据可以是(　　)。

A．收、付款凭证　　　　　　B．一次凭证

C．累计凭证　　　　　　　　D．汇总原始凭证

3．原始凭证审核时应注意(　　)。

A．凭证反映的内容是否合法　　B．数字计算有无错误

C．凭证上各项目是否填列齐全　D．各项目的填写是否正确

4．转账凭证属于(　　)。

A．记账凭证　　　　　　　　B．专用记账凭证

C．会计凭证　　　　　　　　D．复式记账凭证

5．下列凭证中，属于汇总原始凭证的有(　　)。

A．发料汇总表　　　　　　　B．制造费用分配表

C．发货票　　　　　　　　　D．工资结算汇总表

6．下列凭证中，属于复式记账凭证的有(　　)。

A．单科目凭证　B．收款凭证　C．付款凭证　D．转账凭证

7．下列属于外来凭证的有(　　)。

A．购入材料的发票　　　　　B．出差住宿费收据

C．银行结算凭证　　　　　　D．收款凭证

8．自制原始凭证按其填制手续不同，可以分为(　　)。

A．外来凭证　B．一次凭证　C．累计凭证　D．汇总原始凭证

9．外来原始凭证应该(　　)。

A．从企业外部取得　　B．由会计人员填制
C．是一次凭证　　D．盖有填制单位公章

10．填制原始凭证时应做到(　　)。

A．遵纪守法　　B．记录真实　　C．填写认真　　D．内容完整

11．企业购买材料一批并已入库，该项业务可能涉及的原始凭证有(　　)。

A．购货发票　　B．货运单据　　C．支票　　D．入库单

12．记账凭证填制的根据是(　　)。

A．付款凭证　　B．收款凭证　　C．原始凭证　　D．原始凭证汇总表

三、名词解释

1．会计凭证　　2．原始凭证
3．一次凭证　　4．累计凭证
5．汇总凭证　　6．记账凭证
7．收款凭证　　8．付款凭证
9．转账凭证

四、判断题

1．收款凭证只有在现金增加时才填制。(　　)
2．记账凭证是由会计人员根据审核无误的原始凭证填制的。(　　)
3．转账凭证登记与货币资金收付无关的业务。(　　)
4．发出材料汇总表是一种汇总原始凭证。(　　)
5．备查账簿的记录内容要受总账的制约，是对日记账和明细账的补充核算。(　　)
6．原始凭证有时也是登记账簿的依据。(　　)
7．所有的记账凭证都必须后附原始凭证。(　　)
8．原始凭证和记账凭证都是由会计人员填制的。(　　)
9．将现金 1 000 元存入银行，出纳人员应编制收款凭证。(　　)
10．企业制订的计划、签订的合同等均属于自制原始凭证。(　　)
11．原始凭证是在记账后取得或填制的，作为经济业务完成情况的书面证明。(　　)
12．在所有会计凭证上只需会计部门的相关人员签字盖章，对经济业务的合法性、真实性和正确性负完全责任。(　　)
13．编制汇总原始凭证的目的是便于控制管理。(　　)
14．采用累计凭证的目的是减少凭证张数，简化填制手续和便于控制管理。(　　)
15．通常会计凭证可以分为收款凭证、付款凭证和转账凭证。(　　)
16．汇总原始凭证与原始凭证都具有法律效力。(　　)
17．转账凭证是根据与货币资金无关业务的原始凭证编制的。(　　)
18．汇总收款凭证是根据收款凭证分别按“库存现金”、“银行存款”账户的借方设置，并按对应的借方账户归类汇总。(　　)
19．为了便于编制汇总转账凭证，要求转账分录保持一借一贷或一贷多借，而不宜采用一借多贷。(　　)

20．会计凭证按其填制程序和用途不同，可以分为原始凭证和记账凭证。（　　）

21．记账凭证按其反映的经济业务不同，可以分为自制凭证和外来凭证。（　　）

22．限额领料单属于汇总凭证。（　　）

23．会计凭证就是会计分录。（　　）

24．属于货币资金收入的业务，都应填制收款凭证。（　　）

25．企业将现金存入银行，一方面引起现金减少，另一方面又引起银行存款增加，所以，应填制现金付款凭证和银行存款收款凭证。（　　）

26．外来原始凭证都是一次性使用的会计凭证。（　　）

27．由于各经济单位的业务量多少不同，会计凭证数量也不一致，所以可以自行规定销毁会计凭证的时间。（　　）

28．对于遗失的原始凭证而又无法取得证明的，如火车票等，可由当事人写出详细情况，由单位负责人批准后，也可代做原始凭证。（　　）

29．为了实行钱账分管原则，通常由出纳人员填制收款凭证和付款凭证，由会计人员登记现金日记账和银行存款日记账。（　　）

30．多栏式总分类账是指将全部账户集中在一张账页中登记的总分类账，所以又称日记总账。（　　）

五、简答题

1．填制和审核会计凭证的意义何在？

2．简要说明原始凭证与记账凭证的区别。

3．原始凭证应具备哪些基本内容？

4．填制原始凭证应遵循哪些基本要求？

5．原始凭证审核的主要内容有哪些？

6．记账凭证应具备哪些基本内容？

7．涉及现金与银行存款之间相互收付的业务应填制何种记账凭证？为什么？

8．填制记账凭证有哪些具体要求？

9．记账凭证审核的主要内容有哪些？

六、业务题

1．资料：某企业存货采用实际成本法核算，2012 年 8 月发生下列业务。

(1) 向友谊工厂购进甲材料，价款 10 000 元，增值税 1 700 元，运杂费 800 元，款项已通过银行付清，材料验收入库。

(2) 采购员归来报销差旅费 1 280 元(原借款 1 000 元)，不足部分补足现金。

(3) 接受国家投资的全新设备，价值 125 000 元。

(4) 向红星厂销售产品，价款 42 000 元，收到一张 30 000 元的支票已存入银行，余款客户暂欠(假设不考虑增值税)。

(5) 用银行存款支付应由本月负担的借款利息 5 600 元。

(6) 分配工资费用，其中：生产工人工资 28 000 元，车间管理人员工资 15 000 元，行政管理人员工资 20 000 元。

(7) 用银行存款10 000元支付当月保险费。

(8) 开出现金支票8 000元购买办公用品。

(9) 从银行提取现金53 000元备发工资。

(10) 提取固定资产折旧，其中：车间固定资产折旧额16 000元，厂部固定资产折旧额12 000元。

要求：

(1) 编制会计分录。

(2) 指明每笔业务应编制的专用记账凭证名称。

2．资料：新风公司存货采用实际成本法核算，2012年6月发生下列经济业务。

(1) 向大达公司购入乙种材料500千克，共计买价5 000元，增值税850元。材料已验收入库，账款未付。

(2) 从银行提取现金3 000元。

(3) 采购员陈林暂借差旅费2 000元，以现金支票付讫。

(4) 从利民公司购入甲种材料1 000千克，共计买价50 000元，增值税8 500元。以银行存款付讫，材料当即验收入库。

(5) 向中信公司购入丙种材料50千克，共计买价25 000元，增值税税率为17%，以银行存款付讫。材料当即验收入库。

(6) 以银行存款偿还前欠大达公司货款5 850元。

(7) 采购员陈林出差回来报销预借的差旅费(预借2 000元)，实际报销差旅费2 200元，以现金补付差额。

要求：根据上述经济业务编制会计分录，并说明需要编制的记账凭证类型。

第四章　会 计 账 簿

一、单项选择题

1．记账后发现记账凭证科目正确，但所记金额大于应记金额，可采用的更正方法是(　　)。

A．画线更正法　B．红字更正法　C．补充登记法　D．平行登记法

2．“生产成本”明细账应该采用(　　)。

A．三栏式　B．多栏式　C．数量金额式　D．任意格式

3．“应交税费——应交增值税”明细账应采用的格式是(　　)。

A．借方多栏式　B．贷方多栏式

C．借方贷方多栏式　D．三栏式

4．企业开出转账支票1 690元购买办公用品，编制记账凭证时，误记金额为1 960元，并已入账，应采用的更正方法是(　　)。

A．补充登记270元　B．红字冲销270元

C．在凭证中画线更正　D．把错误凭证撕掉重编

5．期末根据账簿记录结出各账户的本期发生额合计数和期末余额，在会计上称做(　　)。

A．对账　　B．结账　　C．调账　　D．查账

6．“营业外收入”明细账的格式应是(　　)。

A．三栏式　　B．多栏式　　C．数量金额式　　D．任意格式

7．现金日记账和银行存款日记账应采用(　　)。

A．订本式　　B．活页式　　C．多栏式　　D．卡片式

8．发现记账凭证所用账户正确，但所填金额大于应记金额，并已过账，应采用(　　)更正错误。

A．红字更正法　　B．补充登记法　　C．画线更正法　　D．平行登记法

9．“库存商品”明细分类账的格式一般采用(　　)。

A．三栏式　　B．数量金额式　　C．多栏式　　D．横线登记式

10．对于临时租入的固定资产，应在(　　)中登记。

A．分类账　　B．备查账　　C．日记账　　D．日记总账

11．应在存货分类账簿中登记的事项有(　　)。

A．购入一台机器设备　　B．接受一批委托加工材料

C．租入一台机器设备　　D．采购原材料一批

12．在结账之前，如果发现账簿记录有错误，而记账凭证没错误，应采用(　　)更正。

A．红字更正法　　B．直接涂改法　　C．补充登记法　　D．画线更正法

13．原材料明细账应采用的格式是(　　)。

A．数量金额式　　B．数量式　　C．三栏式　　D．多栏式

14．三栏式明细账适用于(　　)。

A．债权债务明细账　　B．费用明细账

C．材料明细账　　D．生产成本明细账

二、多项选择题

1．账簿按用途不同可以分为(　　)。

A．序时账簿　　B．分类账簿　　C．卡片式账簿　　D．备查账簿

2．对账的内容包括(　　)。

A．账证核对　　B．账表核对　　C．账实核对　　D．账账核对

3．银行存款日记账登记的依据是(　　)。

A．银行存款收款凭证　　B．银行存款付款凭证

C．库存现金付款凭证　　D．库存现金收款凭证

4．账簿按外表形式可分为(　　)。

A．订本式账簿　　B．多栏式账簿　　C．活页式账簿　　D．卡片式账簿

5．记账后发现记账凭证中应借、应贷账户正确只是金额发生错误，可以采用的更正方法是(　　)。

A．画线更正法　　B．横线更正法　　C．红字更正法　　D．补充登记法

6．下列内容可以采用三栏式明细账的有(　　)。

A．其他应收款　　B．制造费用　　C．应收账款 D．短期借款

7．任何会计主体必须设置的会计账簿有(　　)。

A．日记账　　B．总账　　C．明细账　　D．备查账

8．下列账户中，可以只按借方发生额来设置多栏账页的有(　　)。

A．“主营业务收入”账户　　B．“生产成本”账户

C．“管理费用”账户　　D．“本年利润”账户

9．下列账簿中，属于特种日记账的有(　　)。

A．库存现金日记账　　B．银行存款日记账

C．购货日记账　　D．销货日记账

10．在会计实务工作中，明细分类账的账页格式有(　　)。

A．“T”字式　　B．三栏式　　C．多栏式　　D．数量金额式

三、名词解释

1．账簿　　2．序时账簿

3．普通日记账　　4．特种日记账

5．分类账簿　　6．备查账簿

四、判断题

1．结账就是结算、登记每个账户的期末余额工作。(　　)

2．账簿是重要的经济档案和历史资料，必须长期保存，永远不得销毁。(　　)

3．对于文字和数字错误，可只划去错误的部分并进行更正。(　　)

4．每一个企业都应设置分类账、现金日记账、银行存款日记账和备查账簿。(　　)

5．记账除结账、改错和冲销账簿以外，不得用红色墨水进行记账。(　　)

6．在科目汇总表核算形式下，总分类账必须逐日逐笔进行登记。(　　)

7．保管期满的会计档案应全部销毁。(　　)

8．现金日记账和银行存款日记账都属于特种日记账。(　　)

9．采用红字更正法时，须先编制一张与错误凭证方向相反的记账凭证冲销记录，然后再编制红字凭证。(　　)

10．在结账之前，如果发现账簿记录有错误，而记账凭证没错，应采用红字更正法。(　　)

11．新的会计年度开始时，必须更换全部账簿，不能只更换总分类账、现金日记账和银行存款日记账。(　　)

12．账簿按用途可分为序时账、分类账和备查账。(　　)

13．总分类账和明细分类账都是根据记账凭证逐笔登记的。(　　)

14．现金日记账应在每日终了时结出余额，并与库存现金核对相符。(　　)

15．生产成本明细账和管理费用明细账的格式适宜采用多栏式。(　　)

16．记账以后，如果发现记账凭证中账户用错，而且所填金额小于应记金额，可用补充登记法进行更正。(　　)

17．在结账前，若发现账簿记录有错，而记账凭证无错，即过账笔误或账簿数字计算有错误，可用画线更正法进行更正。(　　)

18．记账时不慎发生隔页、跳行情况，应在空页或空行处用红色墨水画对角线，在空页上还应加盖“作废”戳记。(　　)

19．总分类账只能以货币为计量单位提供总括的核算资料，明细分类账也只能以货币为计量单位提供详细的核算资料。 （ ）

20．序时账簿可以用来登记全部经济业务，也可以用来登记某一类经济业务。（ ）

21．总分类账户中登记的金额，可能会与所属明细分类账中登记金额合计数不相符。 （ ）

22．每个明细分类账户余额的方向总是同其所属的总分类账户余额的方向相同。（ ）

五、简答题

1．设置账簿有什么意义？

2．账簿的设置应遵循哪些原则？

3．画线更正法适用于什么情况？怎样利用它来更正错账？

4．红字更正法适用于哪些情况？怎样利用它来更正错账？

5．补充登记法适用于什么情况？怎样利用它来更正错账？

6．简述对账工作的主要内容。

7．简述总账与明细账的平行登记。

六、业务题

1．永正公司将账簿记录与记账凭证进行核对时，发现下列经济业务的凭证内容与账簿记录不相符。

(1) 开出转账支票一张 200 元，支付管理部门零星开支。原编记账凭证为

借：管理费用　　200

　　贷：库存现金　　200

(2) 签发转账支票 4 000 元，支付明年的报刊订阅费。原编制记账凭证为

借：预付账款　　400

　　贷：银行存款　　400

(3) 签发转账支票 6 000 元，支付本月房租。原编制记账凭证为

借：管理费用　　9 000

　　贷：银行存款　　9 000

(4) 用现金支付管理部门零星购置费 78 元，原编制记账凭证为

借：管理费用　　78

　　贷：库存现金　　78

记账时库存现金付出栏记录为 87 元。

要求：判断上述各项经济业务的账务处理有无错误，如有错误请采用适当的方法予以更正。

2．资料：永正公司为增值税一般纳税人，2012 年 1 月初库存现金日记账余额为 500 元，银行存款日记账余额为 78 000 元。本月发生下列有关经济业务：

(1) 1 日，采购员王明预借差旅费 500 元，经审核以现金付讫。

(2) 2 日，签发现金支票 4 000 元，从银行提取现金，以备日常开支需要。

(3) 4 日，以银行存款 2 800 元交纳欠缴税费。

(4) 5 日，从银行取得短期借款 80 000 元，存入开户行。

(5) 6 日，签发现金支票 46 000 元，从银行提取现金备发工资。

(6) 7 日，发放本月职工工资。

(7) 7 日，生产车间报销日常开支费用，经审核，以现金 190 元支付。

(8) 10 日，收到银行通知，供货单位偿还上月所欠货款 95 000 元，已收妥入账。

(9) 11 日，开出转账支票 5 800 元，支付本月发生的车间固定资产修理费。

(10) 12 日，行政管理部门报销购买零星办公用品费用 180 元，经审核以现金付讫。

(11) 12 日，采购员王明回公司报销差旅费 450 元，原借 500 元，余款退回现金。

(12) 14 日，以现金 160 元，支付购进材料时的运杂费。

(13) 15 日，签发转账支票 24 000 元，支付所欠供应单位的货款。

(14) 16 日，销售产品一批，售价为 20 000 元，增值税为 3 400 元，已收到银行进账通知。

(15) 23 日，购进材料一批，价款为 80 000 元，增值税为 13 600 元，运杂费 200 元，全部款项均以银行存款支付。

(16) 25 日，签发转账支票 43 000 元，预付供应单位购料款。

(17) 28 日，将超过库存限额的现金 3 000 元送存银行。

(18) 28 日，接到银行付款通知，支付本月车间电费 21 000 元。

(19) 30 日，以银行存款 30 000 元，预付下季度租入的固定资产租金。

(20) 31 日，收到购货单位预付的货款 57 000 元，存入银行。

(21) 31 日，以银行存款支付广告费 4 000 元。

要求：

(1) 根据上述经济业务编制记账凭证(或会计分录)。

(2) 根据记账凭证登记库存现金日记账和银行存款日记账。

第五章　企业主要经济业务的核算

一、单项选择题

1．“固定资产”账户反映企业固定资产的(　　)。

A．磨损价值　　B．累计折旧　　C．原始价值　　D．净值

2．企业为维持正常的生产经营所需资金而向银行等金融机构借入的款项在一年以内称为(　　)。

A．长期借款　　B．短期借款　　C．长期负债　　D．其他流动负债

3．已经完成全部生产过程并已验收入库，可供对外销售的产品即为(　　)。

A．已销产品　　B．生产成本　　C．销售成本　　D．库存商品

4．下列属于其他业务收入的是(　　)。

A．利息收入　　B．出售材料收入

C．投资收益　　D．固定资产清理净收益

5．下列业务中，能引起资产和负债同时增加的是(　　)。

A．用银行存款购买材料　　B．预收销货款存入银行

C．提取盈余公积　　D．年终结转利润

6．在账结法下，期间费用账户期末应(　　)。

A．有借方余额　　B．有贷方余额
C．没有余额　　D．同时有借、贷方余额

7．下列不属于营业外支出的项目是(　　)。
A．固定资产盘亏损失　　B．非常损失
C．罚没支出　　D．坏账损失

8．下列不构成产品成本的是(　　)。
A．直接材料费　B．直接人工费　C．期间费用　D．制造费用

9．“本年利润”账户年末的贷方余额表示(　　)。
A．利润分配额　B．未分配利润　C．净利润　D．亏损额

10．年末结转后，“利润分配”账户的贷方余额表示(　　)。
A．实现的利润总额　　B．净利润
C．利润分配总额　　D．未分配利润

11．“固定资产”账户的借方余额减去“累计折旧”账户的贷方余额的差额表示(　　)。
A．固定资产的耗损价值　　B．固定资产的原始价值
C．固定资产的折余价值即净值　　D．固定资产的重置完全价值

12．下列所有者权益账户中，反映所有者原始投资的账户是(　　)账户。
A．“实收资本”　B．“盈余公积”　C．“本年利润”　D．“利润分配”

13．我国工业企业对于本期收入和费用的确认采用(　　)。
A．实地盘存制　B．永续盘存制　C．实收实付制　D．应计制

14．发放职工生活困难补助应通过(　　)账户进行核算。
A．“应付职工薪酬”　　B．“管理费用”
C．“制造费用”　　D．“营业外支出”

15. 本月通过银行收到销货款62 000元，其中属于上月应收12 000元，本月应收40 000元，预收下月10 000元。在收付实现制下，本月收入应为(　　)元。
A．50 000　B．40 000　C．62 000　D．52 000

16．不影响本期营业利润的项目是(　　)。
A．主营业务成本　　B．管理费用
C．主营业务收入　　D．所得税费用

17．“生产成本”账户的借方余额反映(　　)。
A．已分配的制造费用　　B．期末在产品成本
C．已完工产品成本　　D．发生的直接费用

18．下列经济业务中，属于资金筹集业务的是(　　)。
A．采购商品，货款未付　　B．计提本月借款利息
C．公司发行债券，收到款项　　D．销售产品收到货款

二、多项选择题

1．制造业企业的经济业务包括(　　)。
A．资金筹集业务　　B．资产购置业务
C．产品生产业务　　D．财务成果计算业务

2．属于“应付职工薪酬”账户核算内容的有(　　)。

A．工资　　　　B．福利费　　　　C．职工教育经费 D．社会保险

3．下列经济业务引起资产和所有者权益同时增加的有(　　)。

A．收到国家投资存入银行　　　　　　　B．提取盈余公积

C．收到外商投入设备一台　　　　　　　D．将资本公积转增资本

4．主营业务收入实现的标志是同时符合(　　)条件。

A．产品已发出　　　　　　　　　　　B．劳务已提供

C．货款已收到　　　　　　　　　　　D．取得了索取价款的凭据

5．“营业税金及附加”账户借方登记的内容有(　　)。

A．增值税　　　　　　　　　　　　　B．消费税

C．城市维护建设税　　　　　　　　　D．营业税

6．下列项目应在“管理费用”账户中列支的有(　　)。

A．工会经费　　　B．开办费　　　C．业务招待费　D．车间管理人员工资

7．企业的资本金按其投资主体不同可以分为(　　)。

A．国家投资　　　B．法人投资　　C．个人投资　　D．外商投资

8．为了具体核算企业利润及未分配利润情况，“利润分配”账户应设置的明细账户有(　　)账户。

A．“未分配利润”　　　　　　　　　B．“提取任意盈余公积”

C．“应付现金股利”　　　　　　　　D．“提取法定盈余公积”

9．按权责发生制的要求，下列应作为本期费用的是(　　)。

A．预付明年保险费　　　　　　　　　B．支付本月借款利息

C．尚未付款的借款利息　　　　　　　D．采购员报销差旅费

10．在账结法下，月末一般应该没有余额的是(　　)账户。

A．“生产成本”　B．“制造费用”C．“管理费用”D．“财务费用”

11．在材料采购业务核算时，与“材料采购”账户的借方相对应的贷方账户一般有(　　)账户。

A．“应付账款”B．“应付票据”C．“银行存款”D．“应交税费”

12．能与“主营业务收入”账户发生对应关系的是(　　)账户。

A．“库存现金”　B．“银行存款”C．“应收账款”D．“本年利润”

13．下列费用中，属于生产过程发生的费用有(　　)。

A．车间机器设备折旧费　　　　　　　B．材料采购费用

C．生产工人工资　　　　　　　　　　D．构成产品实体的材料消耗

三、判断题

1．企业的净利润是在营业利润的基础上加营业外收支净额计算而来的。　　(　　)

2．企业在其生产经营中所取得的收入和利得、所发生的费用和损失，不可直接增减投入资本。　　(　　)

3．固定资产因损耗而减少的价值应记入“固定资产”账户的贷方。　　(　　)

4．接受投资者投入实物，能同时引起资产和所有者权益发生变化。　　(　　)

5. 如果当期生产的产品全部销售，结转已销产品的成本时，可借记“主营业务成本”账户，贷记“生产成本”账户。（ ）
6. 各种材料的市内运费均不应该计入材料的采购成本。（ ）
7. 材料采购机构的经费应作为材料采购费用处理。（ ）
8. 直接工资是指直接参与产品生产的工人和管理人员的工资。（ ）
9. 固定资产原始价值减去已计提折旧等于其折余价值。（ ）
10. “生产成本”明细账应按照成本项目设置专栏。（ ）
11. 工业企业只有在产品的所有权已由卖方转移到买方，同时收取价款时才能确认收入的实现。（ ）
12. 预收账款构成企业的一项流动负债。（ ）
13. 财务费用将随企业存款利息收入的增加而减少。（ ）
14. 材料采购过程发生的采购费用不计入材料的采购成本。（ ）
15. 直接人工是指从事产品生产人员的工资、福利费等薪酬。（ ）
16. 生产费用就是制造费用。（ ）
17. “制造费用”账户月末一般没有余额，因而，制造费用也属于期间费用的一种。（ ）
18. “生产成本”账户的本期贷方发生额就是本期完工产品的总成本。（ ）
19. 按权责发生制的要求，收到货币资金就一定是企业当期的营业收入增加。（ ）
20. 管理费用的发生额直接关系到当月产品成本的高低和利润总额的大小。（ ）
21. “本年利润”账户10月期末贷方余额表示从年初截至10月末的利润累计额。（ ）
22. 收到货币资金并非都是营业收入，但支出货币资金都属于营业成本和费用。（ ）
23. 企业收到投资者的投资应按照实际投资数额全部记入“实收资本”或“股本”账户。（ ）
24. 企业收到供应单位提供的材料，冲销已预付的货款时，表明企业债权的减少。（ ）
25. 固定资产购入后需要安装，其安装成本属于在建工程，应计入固定资产的原始价值。（ ）
26. 对于固定资产因出售、报废等原因引起的价值减少，在注销固定资产的原值时，贷记“固定资产”账户。（ ）

四、简答题

1. “材料采购”账户的用途是什么？它的结构如何？借方登记什么？贷方登记什么？期末有无余额？如有余额，在哪一方？表示什么？

2. “生产成本”账户的结构特点是什么？与其借贷方发生对应关系的账户主要有哪几个？

3. 为什么要设立“长期待摊费用”账户？

4．如何计算企业的营业利润、利润总额、净利润？

5．简述“本年利润”和“利润分配”账户的关系。

五、业务题

1．某机械制造厂材料日常核算采用实际成本法。在材料采购核算中设置了“应付账款”和“预付账款”两个账户，2012 年 8 月“应付账款”和“预付账款”账户的期初余额如下：“应付账款”账户贷方余额 125 000 元，其中“应付账款——A 工厂”账户为 78 000 元，“应付账款——B 工厂”账户为 47 000 元；“预付账款”账户借方余额 65 000 元，其中“预付账款——C 工厂”账户为 35 000 元，“预付账款——D 工厂”账户为 30 000 元。该企业 8 月发生下列业务：

(1) 用银行存款 50 000 元归还所欠 A 工厂的货款。

(2) 收到 C 工厂发来的材料 48 000 元，其中材料价款为 40 000 元，增值税税额为 6 800 元，代垫外地运费为 1 200 元，材料验收入库，款项上个月已经预付 35 000 元，差额部分暂未支付。

(3) 从 B 工厂购买材料价款为 10 000 元，增值税进项税额为 1 700 元，款项未付，材料尚未入库。

(4) 通过银行补付所欠 C 工厂的差额款。

要求：编制本月业务的会计分录，开设并登记“应付账款”、“预付账款”总分类账户和明细分类账户。

2．如果上述企业不设置“预付账款”账户，发生的预付款项业务在“应付账款”账户中核算，其他资料不变。

要求：根据业务编制会计分录，开设并登记“应付账款”账户并结账。

3．某工厂 2012 年 7 月发生有关销售经济业务如下：

(1) 向甲工厂出售 A 产品 500 件，每件售价 60 元，增值税税率为 17%。货款已收到，存入银行。

(2) 向乙公司出售 B 产品 300 件，每件售价 150 元，增值税税率为 17%。货款尚未收到。

(3) 按出售的两种产品的实际成本(A 产品每件 45 元，B 产品每件 115 元)转账。

(4) 以银行存款支付 A、B 两种产品在销售过程中的运输费 800 元、包装费 200 元。

(5) 结算本月销售机构职工工资 10 000 元、福利费 1 400 元。

(6) 向丙工厂出售甲材料 100 千克，每千克售价 12 元。款项已收到，存入银行(假设不考虑增值税)。

(7) 按出售的甲材料实际成本(每千克 10 元)转账。

要求：

(1) 根据上列各项经济业务编制会计分录。

(2) 计算营业收入和营业成本。

4．资料：好雨公司生产 A、B 两种产品，2012 年 12 月有关这两种产品的资料如下。

(1) 月初在产品成本见表 2-5-1。

表 2-5-1 月初在产品成本

名称	数量/千克	直接材料/元	直接人工/元	制造费用/元	合计/元
A 产品	400	14 836	6 180	4 944	25 960
B 产品	150	9 510	3 220	2 576	15 306
合计		24 346	9 400	7 520	41 266

(2) 本月发生的生产费用见表 2-5-2。

表 2-5-2 本月发生的生产费用

名称	直接材料	直接人工	制造费用/元	合计/元
A 产品	88 500	28 000		
B 产品	40 200	7 500		
合计	128 700	35 500	30 530	194 730

(3) 月末 A 产品完工 2 500 千克，B 产品完工 800 千克，两种完工产品均已验收入库。

(4) 月末尚有 500 千克未完工的 A 产品，其单位在产品计价标准见表 2-5-3。

表 2-5-3 在产品计价标准

名称	数量/千克	直接材料	直接人工	制造费用/元	合计/元
A 产品	500	36	13	10.50	59.50

要求：

(1) 按直接人工费用比例分配并结转本月制造费用。

(2) 计算并结转完工 A、B 产品的制造成本。

5．某企业 1～12 月累计实现利润总额 425 000 元，1～11 月累计应交所得税税额为 101 750 元，所得税税率为 25%，则该企业 12 月应交所得税和全年净利润额各是多少？

6．某企业年初所有者权益总额为 100 万元(其中，年初未分配利润为 0)，本年接受投资 10 万元，本年实现利润总额 25 万元，所得税税率为 25%，按 10%计提法定盈余公积，决定向投资者分配利润 6 万元，则年末的未分配利润和所有者权益各是多少？

7．某企业本月发生了下列经济业务。

(1) 购入一台不需要安装的新设备，发票价格为 30 000 元，增值税为 5 100 元，发生运费为 600 元，上述款项全部以银行存款付讫。

(2) 购入一台需要安装的新设备，发票价格 80 000 元，增值税 13 600 元，运费 2 000 元，款项均以银行存款支付。在安装过程中共发生安装费 6 000 元，其中耗用材料 4 000 元，耗用人工 2 000 元。

(3) 上述设备安装完毕，经验收合格交付使用。

要求：

(1) 根据上述资料编制会计分录。

(2) 开设“固定资产”和“在建工程”两个账户，并根据有关会计分录进行登记。

8．大宝公司按实际成本法核算原材料，7 月发生下列采购业务。

(1) 购入甲材料 6 000 千克，单价 8 元，增值税税率为 17%，价税款未付，材料尚未验收入库。

(2) 用银行存款 2 722 元支付上述甲材料外地运杂费。

(3) 购入乙材料 7 200 千克，单价 10 元，增值税税率为 17%，价税款均通过银行付清，材料尚未验收入库。

(4) 购进丙材料 2 800 千克，含税单价 9.36 元。丁材料 10 000 千克，含税单价 5.85 元，增值税税率为 17%，款项均已通过银行付清，材料尚未验收入库。

(5) 供应单位代垫乙、丙、丁材料外地运费共 3 300 元，尚未支付(共同性运杂费按采购重量分配)。

(6) 用银行存款 10 000 元预付订购材料款。

(7) 以前月份已预付款 100 000 元的 A 材料本月到货，并验收入库，价税款合计 117 000 元，增值税税率为 17%，用银行存款补付货款。

(8) 本月购入的甲、乙、丙、丁材料均已验收入库，结转其成本。

要求：编制本月业务的会计分录。

9．大宝公司 7 月发生下列产品生产业务。

(1) 将 58 000 元转入职工工资银行卡。

(2) 用银行存款 6 000 元支付第三季度生产车间房租，并摊销本月应负担的生产车间房租。

(3) 仓库发出材料，用途如下：

A 产品生产耗用	120 000 元
B 产品生产耗用	180 000 元
车间生产用固定资产维修耗用	4 200 元
企业管理部门办公设备维修耗用	1 500 元

(4) 开出现金支票 7 500 元购买企业管理部门办公用品。

(5) 用银行存款支付本月负担的企业财产保险费 4 000 元。

(6) 计提应由本月负担的短期借款利息 8 600 元。

(7) 计提本月固定资产折旧，其中车间固定资产应提折旧额 11 000 元，行政管理部门固定资产应提折旧额 6 500 元。

(8) 月末分配工资费用，其中：

A 产品生产工人工资	34 000 元
B 产品生产工人工资	66 000 元
车间管理人员工资	1 600 元
行政管理部门管理人员工资	8 000 元

(9) 将本月发生的制造费用转入“生产成本”账户(按生产工人工资分配)。

(10) 本月生产的 A 产品、B 产品各 100 台全部完工，验收入库，结转成本(假设没有期初在产品)。

要求：编制本月业务的会计分录。

10．大宝公司 7 月发生下列销售业务：

(1) 销售 A 产品 80 台，单价 4 000 元，增值税税率为 17%，价税款暂未收到。

(2) 预收 B 产品货款 200 000 元，款项收到存入银行。

(3) 用银行存款 1 500 元支付销售产品的广告费。

(4) 发出 B 产品 90 件，单价 2 500 元，增值税税率为 17%，尾款收到一张商业承兑汇票。

(5) 结转本月已销 A 产品、B 产品的成本，单位成本分别为 1 633.16 元、640.84 元。

(6) 经计算本月销售产品的销售税金为 1 600 元。

要求：编制本月业务的会计分录。

11．大宝公司 8 月发生的部分经济业务如下：

(1) 从银行取得临时借款 600 000 元存入银行。

(2) 接受投资人投入的一处房产，双方确认价 800 000 元投入使用。

(3) 用银行存款 8 500 元上交上个月增值税。

(4) 收回某单位所欠本企业货款 70 000 元存入银行。

(5) 用银行存款 10 000 元预付本月在内的 5 个月的房租(假设租入后供管理部门使用)。

(6) 企业销售 A 产品总价款 292 500 元(含税)，增值税税率为 17%，已收款。

(7) 供应单位发来甲材料 38 000 元，增值税税率为 17%，款已预付。

(8) 生产 A 产品领用甲材料 3 600 元，乙材料 2 400 元。

(9) 车间一般性消耗材料 1 200 元。

(10) 发生车间设备修理费 800 元，用现金支付。

(11) 用银行存款 300 000 元发放工资。

(12) 车间领用甲材料 5 000 元用于 B 产品的生产。

(13) 用银行存款 10 000 元支付销售 A 产品广告费。

(14) 企业销售 B 产品价款 50 000 元，暂未收到(假设不考虑增值税)。

(15) 按 5%税率计算 B 产品应缴纳的消费税。

(16) 企业购买一台车床，买价 24 000 元，运杂费 1 000 元，款项暂未支付，设备交付使用(假设不考虑增值税)。

(17) 开出现金支票购买车间办公用品 800 元并直接领用。

(18) 计提本月折旧，其中车间固定资产应提折旧额 20 000 元，企业管理部门固定资产应提折旧额 3 200 元。

(19) 计提应由本月负担的短期银行借款利息 980 元。

(20) 用银行存款 34 000 元支付上年分配给投资人的利润。

(21) 分配工资费用，其中 A 产品工人工资 12 000 元，B 产品工人工资 100 000 元，车间管理人员工资 8 000 元。

(22) 经批准将资本公积 60 000 元转增资本。

(23) 本月发生制造费用 30 000 元，按生产工时(A 产品 6 000 小时，B 产品 4 000 小时)分配计入 A、B 产品成本。

(24) 本月生产的 A 产品 15 台现已完工，总成本 38 500 元，验收入库，结转成本。

(25) 用银行存款 5 400 元支付罚款支出。

(26) 用银行存款 4 200 元支付退休金。

(27) 结转已销 A 产品成本 18 500 元。

(28) 将本月实现的损益全部转入“本年利润”账户。

(29) 计算本月实现利润总额，按 25%的税率计算所得税费用并予以结转。

(30) 按税后利润的 10%提取法定盈余公积。

(31) 将剩余利润的 40%分配给投资人。

要求：编制本月业务的会计分录。

12．诚信公司 2012 年 8 月发生下列业务。

(1) 1 日国家投入资本 200 000 元，存入银行。

(2) 2 日购入材料，货款 15 000 元，增值税 2 550 元，运杂费 90 元，全部款项以银行存款支付，材料尚未到达(材料日常核算采用实际成本法)。

(3) 3 日售出甲产品 100 件，每件售价 1 000 元，增值税税率为 17%，全部款项当即收到，存入银行。

(4) 5 日将 2 日购入的材料验收入库，按其实际采购成本入账。

(5) 5 日以银行存款解缴上月欠缴的增值税 7 000 元。

(6) 6 日仓库发出 A、B 材料分别为 6 600 元、14 000 元，投入甲产品生产。

(7) 7 日收到大华工厂还来前欠货款 14 000 元，存入银行。

(8) 8 日以银行存款支付前欠振华工厂货款 13 000 元。

(9) 10 日国家投入一台新机器，确认价值 10 000 元，作为对诚信公司的投资。

(10) 12 日向达华公司出售甲产品 200 件，每件售价 1 000 元，增值税税率 17%，全部款项尚未收到。

(11) 14 日向银行借入短期借款 12 000 元，存入银行。

(12) 15 日以银行存款 80 000 元，支付本月职工工资。

(13) 15 日以银行存款预缴本月所得税 15 000 元。

(14) 16 日以现金支付行政管理部门零星办公用品费 936 元。

(15) 21 日以银行存款支付销售甲产品的广告费 18 000 元。

(16) 31 日计提应负担的短期借款利息 4 000 元。

(17) 31 日计提本月固定资产折旧 40 000 元，其中：生产车间计提固定资产折旧 26 000 元，行政管理部门计提固定资产折旧 14 000 元。

(18) 31 日结转本月职工工资 80 000 元，其中：生产工人的工资 50 000 元，车间管理人员的工资 10 000 元，行政管理人员的工资 20 000 元。

(19) 31 日将本月发生的制造费用 36 000 元计入产品生产成本。

(20) 31 日甲产品 500 件本月完工，每件单位生产成本 600 元。

(21) 31 日结转本月已销甲产品的生产成本，每件单位生产成本 600 元。

(22) 31 日将损益类账户余额结转“本年利润”账户。

(23) 31 日计算所得税费用并结转(所得税税率 25%)。

(24) 31 日按税后利润 10%提取法定盈余公积。

要求：根据以上业务编制会计分录。

13．某企业 2012 年 12 月末有关账户本期发生额见表 2-5-4。

表 2-5-4　有关账户本期发生额　　单位：元

会计科目	借方发生额	贷方发生额
管理费用	13 438	(　　)
财务费用	10 300	(　　)
销售费用	30 000	(　　)
主营业务收入	(　　)	162 000
主营业务成本	72 672	(　　)
营业税金及附加	5 600	(　　)
所得税费用	(　　)	(　　)
本年利润	(　　)	(　　)
利润分配——提取法定盈余公积	(　　)	(　　)
利润分配——未分配利润	(　　)	(　　)

要求：

(1) 根据表 2-5-4 所列资料，编制以下经济业务的会计分录。

① 将损益类账户余额结转至“本年利润”账户。

② 按所得税税率 25%计算所得税费用，并结转至“本年利润”账户，计算净利润。

③ 将“本年利润”账户余额转入“利润分配——未分配利润”账户。

④ 按税后利润的 10%计提法定盈余公积。

⑤ 将“利润分配——提取法定盈余公积”账户余额转入“利润分配——未分配利润”账户。

(2) 根据上述资料，将有关数据填入表 2-5-4 中的各括号内。

第六章　账户的分类

一、单项选择题

1．下列不属于盘存类账户的是(　　)账户。

A．“固定资产”　B．“原材料”　C．“应收账款”　D．“库存商品”

2．下列不属于抵减账户的是(　　)账户。

A．“存货跌价准备”　B．“坏账准备”

C．“累计折旧”　D．“管理费用”

3．“营业税金及附加”账户按经济内容分类属于(　　)。

A．负债类账户　B．收入类账户　C．成本类账户　D．费用类账户

4．下列账户中属于抵减附加账户的是(　　)账户。

A．“坏账准备”　B．“材料成本差异”

C．“利润分配”　D．“累计折旧”

5．“材料成本差异”账户用来抵减附加(　　)账户。

A．“原材料”账户　B．“材料采购”账户

C．“生产成本”账户　D．“制造费用”账户

6．按用途结构分类，不属于费用类账户的有(　　)账户。

A．“管理费用”　B．“财务费用”　C．“制造费用”　D．“销售费用”

7．结算类账户的期末余额(　　)。

A．在借方　B．在贷方

C．可能在借方，也可能在贷方　D．以上都不对

8．不是按用途和结构分类的账户是(　　)。

A．成本计算账户　B．资产类账户　C．盘存类账户　D．资本类账户

9．“累计折旧”账户按其经济内容分类属于(　　)。

A．费用类账户　B．抵减账户　C．负债类账户　D．资产类账户

10．债权债务结算账户的贷方登记(　　)。

A．债权的增加　B．债务的增加，债权的减少

C．债务的增加　D．债务的减少，债权的增加

11．属于所有者权益账户的是(　　)账户。

A．“实收资本”　B．“制造费用”　C．“生产成本”　D．“管理费用”

12．“材料采购”账户按其用途和结构分类，在材料按计划成本核算的条件下(　　)。
A．仅是成本计算账户　　B．仅是计价对比账户
C．仅是费用账户　　D．既是成本计算账户，又是计价对比账户
13．下列账户属于“跨期摊配”账户的是(　　)账户。
A．“营业费用”　B．“制造费用”　C．“管理费用”　D．“长期待摊费用”
14．“制造费用”账户属于(　　)。
A．财务成本计算账户　　B．负债类账户
C．集合分配账户　　D．成本计算账户
15．下列账户不属于调整账户的是(　　)账户。
A．“坏账准备”　B．“累计折旧”　C．“利润分配”　D．“应付账款”
16．下列属于成本类账户的是(　　)账户。
A．“管理费用”　B．“制造费用”　C．“销售费用”　D．“主营业务成本”

二、多项选择题

1．按不同标准分类，“材料采购”账户可能属于(　　)。
A．资产类账户　　B．盘存账户
C．计价对比账户　　D．成本计算账户
2．下列可能属于盘存类账户的有(　　)账户。
A．“材料采购”　　B．“长期股权投资”
C．“银行存款”　　D．“固定资产”
3．下列账户期末可能有余额在借方的是(　　)。
A．债权结算账户　　B．投资权益账户
C．盘存账户　　D．成本计算账户
4．下列属于所有者权益类账户的是(　　)账户。
A．“本年利润”　B．“实收资本”　C．“利润分配”　D．“资本公积”
5．反映流动资产的账户有(　　)账户。
A．“应收账款”　　B．“库存商品”
C．“长期待摊费用”　　D．“原材料”
6．属于债权结算账户有(　　)账户。
A．“预付账款”　B．应“付账款”　C．应“收账款”　D．应“收票据”
7．属于费用类账户的有(　　)账户
A．“制造费用”　B．“财务费用”　C．“管理费用”　D．“长期待摊费用”
8．盘存账户中通过设置和运用明细账可以提供数量和金额两种指标的有(　　)账户。
A．“银行存款”　B．“库存现金”　C．“原材料”　D．“库存商品”
9．属于结算账户的是(　　)账户。
A．“应收账款”　B．“预付账款”　C．“短期借款”　D．“预收账款”
10．属于调整账户的是(　　)账户。
A．“固定资产”　B．“累计折旧”　C．“坏账准备”　D．“材料成本差异”
11．属于损益类账户的是(　　)账户。
A．“管理费用”　　B．“制造费用”
C．“所得税费用”　　D．“营业外收入”

12．属于所有者权益类账户的有(　　)账户。

A．“资本公积”　　B．“未分配利润”

C．“无形资产”　　D．“盈余公积”

13．属于资产类账户的有(　　)账户。

A．“累计折旧”　　B．“预付账款”

C．“长期待摊费用”　　D．“待处理财产损益”

14．对于费用类账户来讲，(　　)。

A．其增加额记入账户的借方　　B．其减少额记入账户的贷方

C．期末一般没有余额　　D．如有期末余额，必为借方余额

三、名词解释

1．盘存账户　　2．结算账户

3．债权结算账户　　4．债务结算账户

5．债权债务结算账户　　6．跨期摊配账户

7．备抵账户　　8．附加账户

9．备抵附加账户

四、判断题

1．“材料采购”账户既可以归入资产类账户，也可以归入成本计算类账户。(　　)

2．债权债务结算账户的贷方余额表示尚未偿付的债务。(　　)

3．盈余公积金属于企业的留存收益，本质上是企业所有者对企业的投资，所以属于所有者权益类账户。(　　)

4．备抵附加账户属于双重性质的账户。(　　)

5．调整账户与被调整账户的用途和结构是相同的，但反映的经济内容不同。(　　)

6．调整账户与被调整账户的余额方向一定相同。(　　)

7．调整账户与被调整账户的余额方向一定相反。(　　)

8．双重性质账户的期末余额一般都在账户的贷方。(　　)

9．“累计折旧”账户属于费用类账户。(　　)

10．“材料成本差异”账户属于费用类账户。(　　)

11．“待处理财产损益”账户属于所有者权益类账户。(　　)

12．“在建工程”账户属于费用类账户。(　　)

13．“应付职工薪酬”账户属于负债类账户。(　　)

14．“利润分配”账户余额的方向总是同“本年利润”账户余额的方向相反。(　　)

15．“累计折旧”账户余额的方向一般同“固定资产”账户余额的方向相反。(　　)

16．“材料成本差异”账户余额总是同“原材料”账户余额的方向相反。(　　)

17．集合分配账户期末一般没有余额。(　　)

18．备抵账户的余额一定要与被调整账户的余额方向一致。(　　)

19．在借贷记账法下，可以设置双重性质的账户。(　　)

20．按经济内容对账户进行分类时，“本年利润”账户属于损益类账户。(　　)

五、简答题

1．什么是账户的经济内容？账户按经济内容分为哪几类？每类举一个账户为例。
2．什么是账户的用途和结构？账户按用途和结构分为哪几类？每类举一个账户为例。
3．试比较债权结算账户、债务结算账户及债权债务结算账户的结构特点。
4．简述跨期摊配账户结构的特点。
5．举例说明，为什么在会计核算中要设置抵减账户。

六、业务题

1．将下列账户的归属类别用线连接：

① 累计折旧	A．结算账户
② 长期待摊费用	B．所有者权益账户
③ 主营业务收入	C．收入账户
④ 实收资本	D．跨期摊配账户
⑤ 应收账款	E．调整账户

2．企业“固定资产”账户的期末余额为 128 000 元，“累计折旧”账户的期末余额为 35 000 元。

要求：

(1) 计算固定资产净值。

(2) 说明“固定资产”账户与“累计折旧”账户之间的关系。

3．企业原材料按照计划成本进行核算，“原材料”账户期末余额为 72 500 元，如果：

(1) “材料成本差异”账户为借方余额 1 500 元。

(2) “材料成本差异”账户为贷方余额 1 000 元。

要求：分别上述两种情况计算该企业期末原材料的实际成本，并说明上述两个账户之间的关系。

4．将下列账户按经济内容分类，再按用途和结构分类。

固定资产	其他应付款	利润分配
累计折旧	材料成本差异	预收账款
原材料	应交税费	应付账款
银行存款	生产成本	制造费用
长期待摊费用	实收资本	财务费用
应收账款	管理费用	主营业务收入
应收票据	材料采购	本年利润
短期借款	营业外收入	所得税费用

第七章　财产清查

一、单项选择题

1．现金清查的方法有(　　)。
A．技术测算法　B．实地盘点法　C．查询核对法　D．与银行对账单相核对

2. 实地盘存制与永续盘存制的主要区别是(　　)。
A. 盘点的方法不同　　B. 账簿的记录要求不同
C. 盘点的工具不同　　D. 盘亏结果处理不同

3. 一般而言，单位撤销、合并时要对财产进行(　　)。
A. 定期清查　B. 全面清查　C. 局部清查　D. 实地清查

4. 对于现金的清查，应将其结果及时填列(　　)。
A. 盘存单　　B. 账存实存对比表
C. 现金盘点报告表　　D. 对账单

5. 对于大量成堆难于清点的财产物资，应采用的清查方法是(　　)。
A. 实地盘点法　B. 抽样盘点法　C. 查询核对法　D. 技术推算盘点法

6. 在记账无误的情况下，造成银行对账单和银行存款日记账不一致的原因是存在(　　)。
A. 应付账款　B. 应收账款　C. 未达账项　D. 外埠存款

7. 账存实存对比表是调整账面记录的(　　)。
A. 记账凭证　B. 转账凭证　C. 原始凭证　D. 累计凭证

8. 下列项目的清查应采用询证核对法的是(　　)。
A. 原材料　B. 应付账款　C. 实收资本　D. 固定资产

9. “待处理财产损溢”账户的借方余额表示(　　)。
A. 尚待处理的盘盈数　　B. 尚待处理的盘亏和毁损数
C. 已处理的盘盈数　　D. 已处理的盘亏和毁损数

10. 对于盘亏的固定资产的净值经批准后借记的账户是(　　)账户。
A. “营业外收入”　　B. “营业外支出”
C. “管理费用”　　D. “待处理财产损溢”

11. 企业对于无法收回的应收账款应借记的账户是(　　)账户。
A. “财务费用”　　B. “营业外支出”
C. “坏账准备”　　D. “管理费用”

12. 核销存货的盘盈时应贷记的账户是(　　)账户。
A. “管理费用”　　B. “营业外收入”
C. “待处理财产损溢”　　D. “其他业务收入

13. 对于债权债务的清查应采用的方法是(　　)。
A. 询证核对法　　B. 实地盘点法
C. 技术推算盘点法　　D. 抽样盘存法

14. 对贵重物资和现金进行清查的方法是(　　)。
A. 询证核对法　B. 以存计耗法　C. 实地盘点法　D. 永续盘存制

15. 下列单据中，应由财会部门编制，并可直接作调整账簿记录的原始凭证是(　　)。
A. 银行存款余额调节表　　B. 材料盘存单
C. 账存实存对比表　　D. 银行对账单

16. 为了及时掌握各项财产物资的增减变动和结存情况，一般应采用(　　)。
A. 权责发生制　B. 实地盘存制　C. 收付实现制　D. 永续盘存制

17．银行存款余额调节表是(　　)。

A．通知本单位未达账项调账的依据

B．通知银行更正错误的依据

C．调整银行存款账簿记录的原始凭证

D．只起到对账作用，不能作为调节账面余额的原始凭证

18．“待处理财产损溢”账户的借方可以登记(　　)。

A．经批准转销的财产盘盈和盘亏、毁损

B．待批准处理的财产盘盈和盘亏、毁损

C．待批准处理的财产盘亏、毁损和经批准转销的财产盘盈

D．待批准处理的财产盘盈和经批准转销的财产盘亏、毁损

二、多项选择题

1．财产物资的盘存制度有(　　)。

A．收付实现制　　B．权责发生制

C．永续盘存制　　D．实地盘存制

2．财产清查按照清查的时间可分为(　　)。

A．全面清查　　B．局部清查　　C．定期清查　　D．不定期清查

3．企业进行全面清查主要发生的情况有(　　)。

A．年终决算后　　B．清产核资时

C．关停并转时　　D．更换现金出纳时

4．财产清查按照清查的执行单位不同，可分为(　　)。

A．内部清查　　B．外部清查　　C．定期清查　　D．不定期清查

5．银行存款余额调节表是(　　)。

A．原始凭证　　B．调节账面记录的原始依据

C．只起到对账作用　　D．银行存款清查的方法

6．常用的实物资产清查的方法包括(　　)。

A．实地盘点法　　B．技术推算盘点法

C．评估确认法　　D．协商议价法

7．按清查的范围不同，可将财产清查分为(　　)。

A．全面清查　　B．局部清查　　C．定期清查　　D．内部清查

8．采用实地盘点法进行清查的项目有(　　)。

A．固定资产　　B．库存商品　　C．银行存款　　D．库存现金

9．双方核对账目的方法适用于(　　)。

A．固定资产的清查　　B．现金的清查

C．银行存款的清查　　D．预付账款的清查

10．对于盘亏的财产物资，经批准后进行账务处理，可能涉及的借方账户有(　　)账户。

A．“管理费用”　　B．“营业外支出”

C．“营业外收入”　　D．“待处理财产损益”

11. 在(　　)的情况下，应进行不定期清查。

A. 发生非常损失　　B. 更换出纳人员

C. 会计主体发生改变　　D. 清点库存现金

12. 永续盘存制与实地盘存制的区别有(　　)。

A. 财产物资在账簿中的记录方法不同

B. 永续盘存制不需要进行财产清查

C. 实地盘存制不需要登记账簿

D. 确定结存数的方法不同

13. 各种应收、应付款项的清查，包括(　　)的查核。

A. 本企业与外部其他企业的应收、应付结算款项

B. 尚未报销的职工预借款项

C. 对本企业职工的各种代垫、代付款项

D. 企业内部各部门之间的应收、应付款项

14. 对银行存款的清查应根据(　　)进行。

A. 银行存款实有数　　B. 银行存款日记账

C. 银行对账单　　D. 未达账项

三、名词解释

1. 财产清查　　2. 永续盘存制

3. 实地盘存制

四、判断题

1. 实地盘存制下，期末必须对财产物资进行盘点。(　　)
2. 定期清查可以是局部清查，也可以是全面清查。(　　)
3. 在永续盘存制下，财产清查的目的是确定本期发出数。(　　)
4. 对于现金的清查，一般采用实地盘点法。(　　)
5. 进行财产清查，如发现账存数小于实存数，即为盘亏。(　　)
6. 企业与其开户银行对账时所编制的银行存款余额调节表是企业银行存款账实不符时进行会计核算的原始凭证。(　　)
7. 在永续盘存制下，财产清查的目的是确定本期收入数。(　　)
8. 不定期清查都是全面清查，不可以是局部清查。(　　)
9. 采用实地盘存制，对于存货实地盘点的结果应当编制账存实存对比表。(　　)
10. 采用永续盘存制的企业，对财产物资一般不需要进行实地盘点。(　　)
11. 如果银行对账单与企业银行存款账面余额不相符，说明其中一方记账有误。(　　)
12. 全面清查是定期清查，局部清查是不定期清查。(　　)
13. 未达账项是由于企业、事业单位的财会人员不及时登账造成的。(　　)
14. 银行存款清查主要是将银行存款日记账与总账进行核对。(　　)
15. 在永续盘存制下，可以不进行实地盘点。(　　)

16．造成账实不符的原因肯定是人为的。　　　　(　　)

17．存货的盘亏、毁损和报废，在报批后均应记入“管理费用”账户。　　　　(　　)

五、简答题

1．什么是财产清查？财产清查的意义何在？

2．何为永续盘存制？何为实地盘存制？在不同的盘存制变下，对财产物资进行清查盘点的目的有何不同？

3．何为未达账项？企业与银行之间的未达账项有哪几种？

4．简述“待处理财产损益”账户的用途和结构。

六、业务题

1．某企业7月31日银行存款日记账余额为691 600元，而银行对账单的余额为681 600元，经逐笔核对，发现有以下未达账项：

(1) 7月26日企业开出转账支票3 000元，持票人尚未到银行办理转账，银行尚未登账。

(2) 7月28日企业委托银行代收款项4 000元，银行已收款入账，但企业未接到银行的收款通知，因而未登记入账。

(3) 7月29日企业送存购货单位签发的转账支票15 000元，企业已登账，银行尚未登记入账。

(4) 7月30日银行代企业支付水电费2 000元，企业尚未接到银行的付款通知，故未登记入账。

要求：根据以上有关内容，编制银行存款余额调节表，并分析调节后是否需要编制有关分录。

2．兴海公司2012年10月31日银行存款日记账余额为78 100元，银行对账单上的余额为72 000元，经日记账与对账单逐笔核对，双方记账过程没有错误，只发现下列未达账项：

(1) 10月29日企业开出支票1 080元购买办公用品，企业已记账，但商店尚未到银行办理转账。

(2) 10月30日银行代企业支付当月水电费3 200元，银行已记账，但付款通知尚未到达企业。

(3) 10月30日银行代企业收回销货款2 000元，并记账，但尚未通知企业。

(4) 10月31日企业收到客户交来的购货支票5 980元并送存银行，企业根据进账单等已记账，但银行未记账。

要求：根据上述资料编制银行存款余额调节表并分析调节后是否需要编制有关会计分录。

3．深大公司在财产清查中，发现以下问题：

(1) 存在一台账外机器，重置完全价值65 000元，估计八成新。

(2) 盘亏设备一台，账面原价28 000元，已提折旧12 000元。

(3) 甲材料账存4 500元，实存4 300元，系保管员责任。

(4) 乙材料账存7 500元，实存7 850元，系收发计量不准确造成。

(5) 丙材料账存15 200元，实存13 500元，系自然灾害造成，保险公司应给予1 000元赔偿，暂未收到款。

要求：对上述业务进行相关账务处理(包括批准前和批准后的账务处理)。

4. 某企业经财产清查，发现盘盈A材料3 200吨。经查明是由于计量上的错误造成的。按计划成本每吨2元入账。

要求：做批准前和批准后的账务处理。

5. 某企业经财产清查发现盘亏B材料100吨，每吨200元。经查明，属于定额内合理的损耗有5吨，计1 000元；属于过失人造成的由责任人赔偿40吨，计8 000元；属于自然灾害造成的损失有55吨，计11 000元，但由保险公司赔偿6 000元。

要求：进行批准前和批准后的账务处理。

6. 某企业在财产清查中发现盘盈机器设备一台，估计原值为300 000元，估计已提折旧额为50 000元。

要求：进行批准前和批准后的账务处理。

7. 某企业在财产清查中发现盘亏机器设备一台，账面原值为280 000元，已提折旧额为100 000元。

要求：进行批准前和批准后的账务处理。

第八章 财务报表

一、单项选择题

1. 会计报表编制的依据是(　　)。

A. 原始凭证　　B. 记账凭证　　C. 科目汇总表　　D. 账簿记录

2. 按照《企业会计准则》的规定，资产负债表应采用的格式为(　　)。

A. 单步式　　B. 多步式　　C. 账户式　　D. 报告式

3. 按照《企业会计准则》的规定，利润表应采用的格式为(　　)。

A. 单步式　　B. 多步式　　C. 账户式　　D. 报告式

4. 资产负债表是反映企业财务状况的会计报表，它的时间特征是(　　)。

A. 某一特定的日期　　B. 一定时期内

C. 某一年份内　　D. 某一月份内

5. 下列各种会计报表中，属于企业对外提供的静态报表的是(　　)。

A. 利润表　　B. 所有者权益变动表

C. 现金流量表　　D. 资产负债表

6. "应收账款"账户所属明细账户如有贷方余额，应在资产负债表(　　)项目中反映。

A. "预付账款"　　B. "预收账款"

C. "应收账款"　　D. "应付账款"

7. 以"资产＝负债＋所有者权益"这一会计等式作为编制依据的会计报表是(　　)。

A. 利润表　　B. 所有者权益变动表

C. 资产负债表　　D. 现金流量表

8. 以"收入－费用＝利润"这一会计等式作为编制依据的会计报表是(　　)。

A. 利润表　　B. 所有者权益变动表

C. 资产负债表　　D. 现金流量表

9．按照会计报表反映的经济内容分类，资产负债表属于(　　)。

A．财务状况报表　　B．经营成果报表

C．对外报表　　D．月报表

10．资产负债表的下列项目中，需要根据几个总分类账户的期末余额进行汇总填列的是(　　)项目。

A．交易性金融资产　　B．短期借款

C．货币资金　　D．累计折旧

11．反映企业财务状况的会计要素一般不包括(　　)。

A．资产　　B．负债　　C．所有者权益　　D．收入

12．反映企业经营成果的会计要素一般不包括(　　)。

A．收入　　B．费用　　C　利润　　D．负债

13．利润表应根据(　　)账户分析填列。

A．“库存商品”　B．“利润分配”　C．各损益类　　D．资产类

14．资产负债表中“应付账款”项目应根据(　　)填列。

A．“应付账款”总账账户贷方余额

B．“应收账款”账户所属各明细账户贷方余额合计数

C．“应付账款”和“预付账款”账户所属各明细账户贷方余额合计数

D．“应付账款”、“其他应付款”、“应付职工薪酬”等总账账户贷方余额合计数

15．资产负债表中的“未分配利润”项目是指(　　)。

A．应留给企业的利润

B．税后利润减去已分配利润后的余额

C．宣告发放而尚未支付给企业所有者的利润

D．实现利润减去应交所得税后的余额

16．外部信息使用者了解一个企业会计信息最主要的途经是(　　)。

A．财务报告　　B．会计账簿　　C．财产清查　　D．会计凭证

二、多项选择题

1．利润表提供的信息包括(　　)。

A．净利润　　B．实现的营业收入

C．营业利润　　D．利润或亏损总额

2．下列企业报表，属于对外的会计报表的有(　　)。

A．资产负债表　　B．利润表

C．所有者权益变动表　　D．制造成本表

3．资产负债表的“存货”项目应根据下列总账账户的合计数填列的有(　　)项目。

A．“原材料”　　B．“在建工程”

C．“低值易耗品”　　D．“材料成本差异”

4．按照会计报表所反映的经济内容不同，可分为(　　)。

A．反映财务状况的报表　　B．反映财务成果的报表

C．个别会计报表　　D．合并会计报表

5. 在编制资产负债表时，应根据总账账户的余额减去备抵账户余额后的净额填列的项目有(　　)项目。

A. “固定资产”　　B. “应收账款”

C. “无形资产”　　D. “存货”

6. 现金流量表中的现金等价物应同时具备下列条件(　　)。

A. 期限短　　B. 易于转换成已知金额的现金

C. 价值变动风险小　　D. 流动性强

7. 下列项目中，属于经营活动产生的现金流量是(　　)。

A. 支付管理人员工资　　B. 支付借款利息

C. 收到分来的股利款　　D. 销售产品收到货款

8. 下列项目中，属于筹资活动产生的现金流量的是(　　)。

A. 分配利润支付现金　　B. 从银行取得贷款

C. 发行债券收到现金　　D. 购买债券支付现金

三、名词解释

1. 财务报表　　2. 资产负债表

3. 利润表　　4. 现金流量表

四、判断题

1. 利润表就是反映企业在特定时点利润实现情况的会计报表。(　　)
2. 单步式和多步式利润表就其反映的经济内容来看是相同的，只不过项目组合不同。(　　)
3. 资产负债表是反映企业一定期间的资产、负债、所有者权益状况的报表。(　　)
4. 账户式和报告式资产负债表的编制原理是一致的。(　　)
5. “应收账款”项目应根据“应收账款”和“预收账款”账户所属的明细账户期末借方余额合计填列。(　　)
6. 资产负债表属于静态报表，应根据有关账簿的期末余额编制。(　　)
7. 内部报表的编制时间、内容和格式都可以据企业内部管理的实际需要而定，一般不受国家规定的限制。(　　)
8. 资产负债表中的“存货”项目应根据所有有关存货各账户余额的合计数填列。(　　)

五、简答题

1. 简述会计报表的作用。
2. 简述资产负债表各项目的填列方法。
3. 现金流量表可以提供哪些信息？
4. 怎样才能使会计报表的数字真实准确？

六、业务题

1. 某企业 2012 年 12 月 31 日有关账户余额见表 2-8-1。

表 2-8-1　某企业 2012 年 11 月 30 日有关账户余额　　单位：元

账户名称	借方余额	贷方余额
应收账款	65 000	
坏账准备		500
预付账款	30 000	
——A 公司	26 500	
——B 公司		1 500
——C 公司	5 000	
原材料	34 000	
生产成本	56 000	
库存商品	85 000	
材料成本差异		800
预收账款		4 000
——D 公司	10 000	
——E 公司		14 000
利润分配	172 500	
本年利润		210 000

要求：计算资产负债表中下列项目：①“应收账款”；②“存货”；③“预付账款”；④“应付账款”；⑤“预收账款”；⑥“未分配利润”。

2．某企业 2012 年 12 月发生下列经济业务：

(1) 企业销售甲产品 1 000 件，每件售价 80 元，增值税税额为 13 600 元，货款已通过银行收讫。

(2) 企业销售给红星厂乙产品 900 件，每件售价 50 元，增值税税额为 7 650 元，但货款尚未收到。

(3) 结转已售甲、乙产品的生产成本。其中：甲产品生产成本 65 400 元；乙产品生产成本 36 000 元。

(4) 以银行存款支付本月销售甲、乙两种产品的销售费用 1 520 元。

(5) 根据规定计算应交纳城市维护建设税 8 750 元。

(6) 王力外出归来报销因公务出差的差旅费 350 元(原已预支 400 元，余款交回现金)。

(7) 以现金 1 000 元支付厂部办公费。

(8) 收到红星厂前欠货款 45 000 元并存入银行。

(9) 没收某单位逾期未退回的包装物押金 6 020 元(假设不考虑增值税)。

(10) 用银行存款支付企业全年材料仓库的租赁费 2 400 元。

(11) 摊销应由本月负担的预付材料仓库租赁费。

(12) 根据上述有关经济业务，结转本期主营业务收入、其他业务收入。

(13) 根据上述有关经济业务结转本月主营业务成本、销售费用、营业税金及附加、管理费用。

(14) 根据本期实现的利润总额，按 25%的税率计算应交所得税。

(15) 以银行存款上交城市维护建设税 8 750 元、所得税 4 450 元。

要求：根据发生的经济业务编制会计分录并编制该企业当月的利润表(凡能确定二级账户或明细账户名称的，应同时列明二级账户或明细账户)。

第九章　会计核算组织程序

一、单项选择题

1. 各种会计核算组织程序之间的主要区别是(　　)。
A. 凭证及账簿组织不同　　B. 记账方法不同
C. 记账程序不同　　D. 登记总账的依据和方法不同

2. 科目汇总表汇总的是(　　)。
A. 全部科目的借方发生额　　B. 全部科目的贷方发生额
C. 全部科目的借贷方余额　　D. 全部科目的借贷方发生额

3. 科目汇总表与汇总记账凭证都属于(　　)。
A. 原始凭证　　B. 汇总的原始凭证
C. 汇总的记账凭证　　D. 转账凭证

4. 汇总记账凭证核算组织程序的主要缺点是(　　)。
A. 登记总账的工作量太大
B. 编制汇总记账凭证工作量大，存在错误不易发现
C. 体现不了账户的对应关系
D. 明细账与总账无法核对

5. 付款凭证的贷方账户可能是(　　)账户。
A.“应收（或应付）账款”　　B.“固定资产”或“实收资本”
C.“管理费用”　　D.“库存现金”或“银行存款”

6. 核算组织程序主要解决的是会计核算工作的(　　)。
A. 记账程序问题　　B. 职责分工问题
C. 技术组织方式问题　　D. 信息质量问题

7. 汇总记账凭证核算组织程序下，总分类账账页格式一般用(　　)。
A. 三栏式　　B. 多栏式
C. 设有“对应账户”栏的三栏式　　D 数量金额式

8. 编制科目汇总表的直接依据是(　　)。
A. 原始凭证　　B. 原始凭证汇总表
C. 记账凭证　　D. 汇总记账凭证

9. 在各种会计核算组织程序下，不能作为登记总账的直接依据是(　　)。
A. 原始凭证　　B. 记账凭证
C. 汇总记账凭证　　D. 科目汇总表

二、多项选择题

1. 以记账凭证为依据，按账户贷方设置，将借方账户归类汇总的凭证编制方法有(　　)。
A. 汇总收款凭证编制法　　B. 汇总付款凭证编制法
C. 汇总转账凭证编制法　　D. 科目汇总表编制法

2．在汇总记账凭证组织程序下，应设置的凭证及账簿有(　　)。

A．收、付款凭证

B．汇总的收、付款凭证

C．转账凭证及汇总转账凭证

D．现金、银行存款日记账、总账及各种明细账

3．在不同的会计核算组织程序下登记总账的依据是(　　)。

A．记账凭证　　B．汇总记账凭证

C．科目汇总表　　D．原始凭证

4．规模大、业务多、使用会计账户多的单位，应该采用的核算组织程序是(　　)。

A．记账凭证核算组织程序　　B．科目汇总表核算组织程序

C．汇总记账凭证核算组织程序　　D．日记总账核算组织程序

5．在科目汇总表核算组织程序下，月末应与总账核对的内容有(　　)。

A．现金日记账　　B．银行存款日记账

C．科目汇总表　　D．明细账

6．会计核算组织程序是指(　　)内容的合理组织过程。

A．会计凭证　　B．会计账户　　C．会计账簿　　D．会计报表

7．日记总账核算组织程序不同于其他核算组织程序的特点是(　　)。

A．设置日记总账　　B．根据记账凭证逐笔登记日记账

C．根据记账凭证逐笔登记总账　　D．根据记账凭证逐笔登记日记总账

8．会计核算组织程序又可称为(　　)。

A．会计核算组织形式　　B．凭证核算组织程序

C．账务处理程序　　D．记账程序

9．汇总记账凭证核算程序的优点包括(　　)。

A．能反映账户对应关系，便于对经济业务的分析检查

B．减少登记总账的工作量

C．总分类账能详细反映经济业务的发生情况

D．有利于对全部账户的发生额进行试算平衡

10．在采用汇总记账凭证核算程序时，编制记账凭证的要求是(　　)。

A．收、付、转凭证均可一借一贷　　B．转账凭证可一借多贷

C．转账凭证可一贷多借　　D．收款凭证可一借多贷

11．科目汇总表的作用有(　　)。

A．减少总分类账的记账工作量

B．进行登记总账前的试算平衡

C．反映账户的对应关系

D．汇总有关账户的本期借、贷方发生额

12．会计核算程序的内容包括(　　)。

A．账簿组织　　B．报表体系

C．记账程序及方法　　D．编制报表的方法

13．登记总分类账的根据可以是(　　)。

A．记账凭证　　B．汇总记账凭证

C．科目汇总表　　D．原始凭证

三、判断题

1．各种账务处理程序的划分，一定是取决于登记总账的依据不同。（ ）

2．将汇总记账凭证和相应的总分类账结合起来，可以清晰地了解各类经济业务的来龙去脉。（ ）

3．记账凭证账务处理程序是其他账务处理程序的基础。（ ）

4．在科目汇总表核算组织程序下，总分类账必须逐日逐笔进行登记。（ ）

5．记账凭证账务处理程序是最基本的一种核算组织程序。（ ）

6．科目汇总表账务处理程序适用于经济业务多、凭证量大的企业。（ ）

7．各单位必须使用统一的账务处理程序。（ ）

8．使用记账凭证账务处理程序不能将原始凭证汇总成原始凭证汇总表。（ ）

9．科目汇总表的编制方式是按会计科目的借方设置，按贷方来归类汇总。（ ）

10．各种账簿都是直接根据记账凭证进行登记的。（ ）

11．记账凭证核算组织程序的特点是根据记账凭证逐笔登记总分类账。（ ）

12．会计核算组织程序不同，现金日记账、银行存款日记账登记的依据也不同。（ ）

13．各种会计核算组织程序之间的区别主要在于编制会计报表的依据和方法不同。（ ）

14．采用科目汇总表核算组织程序，不仅可以简化登记总账的工作，而且便于分析经济业务的来龙去脉。（ ）

15．为保证总账与其所属明细账的记录相符，总账应根据其所属明细账的记录转入登记。（ ）

16．为了便于编制汇总转账凭证，在编制转账凭证时，其账户的对应关系应是一借一贷或多借一贷。（ ）

17．不论采用何种会计核算组织程序，总分类账和明细分类账都应该平行登记，二者之间不能互为记账依据。（ ）

四、简答题

1．简述设计会计核算组织程序的要求。

2．简述记账凭证核算组织程序的特点、优缺点、适用范围和账务处理程序。

3．简述科目汇总表核算组织程序的特点、优缺点和适用范围。

4．简述汇总记账凭证核算组织程序的特点、优缺点和适用范围。

第十章　会计工作组织

一、单项选择题

1．《中华人民共和国会计法》明确规定由(　　)管理全国的会计工作。

A．国务院　　B．财政部　　C．全国人大　　D．注册会计师协会

2．会计人员对不真实、不合法的原始凭证应(　　)。

A．予以退回　　B．更正补充　　C．不予接受　　D．无权自行处理

3．按《中华人民共和国会计法》的规定，单位会计资料不实的责任主体是(　　)。
A．单位负责人　　B．单位主管会计工作的负责人
C．会计人员　　D．会计主管人员
4．无论实行集中核算还是非集中核算，(　　)都必须由企业统一办理。
A．成本核算　　B．往来款项结算
C．固定资产核算　　D．工资核算

二、判断题

1．会计机构的设置原则，既要考虑“精兵简政”，又要满足经济管理的要求，机构设置要合理，人员分工要严密。(　　)
2．会计人员的技术职称分为会计员、助理会计师、会计师和总会计师4个层次。(　　)
3．注册会计师是会计行业的执业资格，而不是一种专业职称。(　　)
4．我国实行国家统一的企业会计准则，因此制定会计准则的权力必须集中于国务院。(　　)
5．会计主管人员就是财务会计机构的负责人。(　　)
6．实行会计岗位责任制，一定要使各个岗位职责分明，可以一人一岗或多人多岗，但不允许一人多岗，串岗混岗。(　　)
7．会计电算化指的是用计算机代替手工记账、算账、报账，其作用仅在于减轻了财会人员的劳动强度。(　　)

三、简答题

1．科学地组织会计工作的意义是什么？
2．组织会计工作应遵循哪些要求？
3．我国会计法规对企业和行政、事业单位会计机构的设置作了哪些规定？
4．什么是内部会计管理制度？各单位制定内部会计管理制度时，应遵循哪些原则？
5．会计人员的主要职责是什么？
6．会计人员的主要权限有哪些？
7．《中华人民共和国会计法》对会计人员，特别是对会计机构负责人和会计主管人员的任免作了哪些特殊的规定？
8．会计人员的职业道德是什么？
9．简述我国会计法规和制度体系的构成层次。
10．《中华人民共和国会计法》的基本内容是什么？
11．《企业会计准则》的主要内容是什么？
12．简述会计电算化的意义。
13．什么是会计档案？怎样保管会计档案？
14．会计工作的组织形式有哪几种？各自的特点是什么？

第三部分　习题参考答案

第一章　会计基本理论

一、单项选择题

1．B　2．B　3．B　4．B　5．C　6．B　7．C　8．B
9．A　10．C　11．B　12．C　13．A　14．A　15．B　16．C
17．B　18．B　19．A

二、多项选择题

1．ABCD　2．BC　3．ABCD　4．ABCD　5．ABCD
6．ABD　7．BD　8．BC　9．ABD　10．AD
11．ABCD　12．BCD　13．AB　14．ABCD

三、名词解释

1．会计主体：是指会计信息所反映的特定单位，也称为会计实体、会计个体。

2．持续经营：是指在可以预见的将来，企业将会按当前的规模和状态继续经营下去，不会停业，也不会大规模削减业务。

3．会计分期：是指将一个企业持续经营的生产经营活动划分为一个个连续的、长短相同的期间，又称会计期间。

4．货币计量：是指采用货币作为计量单位，记录和反映企业的生产经营活动。

5．可靠性：是指会计核算以实际发生的经济业务及证明经济业务发生的合法凭证为依据，如实反映财务状况和经营成果，做到内容真实，数字准确，资料可靠。

6．相关性：是指会计信息能够满足各方面的需要，包括符合国家宏观经济管理的需要，满足有关各方面了解企业财务状况和经营成果的需要，满足企业加强内部经营管理的需要。

7．可比性：一方面是指会计信息的纵向可比，即同一企业不同时期应当采用一致的会计政策，不得随意变更；另一方面是指会计信息的横向可比，即同一时期不同企业之间的会计信息应当口径一致，相互可比。

8．及时性：是指对于已经发生的交易或事项，应当及时确认、计量和报告，不得提前或延后。

9．可理解性：是指提供的会计信息应当清晰明了，便于会计报告使用者理解和使用。

10．权责发生制：是指收入和费用的确认应当以是否应该确认为标准，而不以款项的实际收付为标准。凡是在当期已经实现的收入和已经发生或应当负担的费用，不论款项是否已经收付，都应当确认为当期的收入或费用；凡是不属于当期的收入和费用，即使款项已经在当期收到或已经在当期支付，也不能确认为当期的收入和费用。

11．谨慎性：是指在存在不确定因素的情况下作出判断时，保持必要的谨慎，以不高估资产或收益，也不低估负债或费用。

12．重要性：是指在选择会计方法和程序时，要考虑经济业务本身的性质和规模，根据特定的经济业务对经济决策影响的大小，来选择合适的会计方法和程序。

13．实质重于形式：形式是指法律形式，实质是指经济实质。有时，经济业务的外在法律形式并不能真实反映其实质内容。为了真实反映企业的财务状况和经营成果，就不能仅仅根据经济业务的外在表现形式来进行核算，而要反映其经济实质。

14．收付实现制：是与权责发生制相对应的一种确认基础，是以实际收到或支付现金作为确认收入和费用的依据，凡是在当期已经实际收到的款项和已经实际支付的款项，都应当确认为当期的收入和费用；凡是在当期没有实际收到和支付的款项，就不能确认为当期的收入和费用。

15．配比原则：是指企业在进行会计核算时，收入与其对应的成本、费用应当按照它们之间的内在联系相互配比，同一会计期间内的各项收入和与其相关的成本、费用，应当在该会计期间内确认，以正确计算损益。

16．历史成本：是指将取得资产时实际发生的成本作为资产的入账价值，在资产处置前保持其入账价值不变。

17．资产：是指企业过去的交易或者事项形成的、由企业拥有或者控制的、预期会给企业带来经济利益的资源。

18．负债：是指企业过去的交易或者事项形成的、预期会导致经济利益流出企业的现时义务。

19．所有者权益：是指企业资产扣除负债后由所有者享有的剩余权益。股份公司的所有者权益又称为股东权益。

20．收入：是指企业在日常活动中形成的、会导致所有者权益增加的、与所有者投入资本无关的经济利益的总流入。

21．费用：是指企业在日常活动中发生的、会导致所有者权益减少的、与向所有者分配利润无关的经济利益的总流出。

22．利润：是指企业在一定会计期间的经营成果。利润包括收入减去费用后的净额、直接计入当期利润的利得和损失等。

四、判断题

1．√　2．√　3．×　4．×　5．×　6．√　7．×　8．√
9．×　10．×　11．×　12．√　13．×　14．×　15．√　16．×
17．√　18．√　19．√　20．√

五、简答题

1．什么是会计？

答：会计是以货币为主要计量单位，对各单位的经济活动进行完整的、连续的、系统的反映和监督，借以加强经营管理，提高经济效益。它是管理经济的一个重要工具，又是经济管理的重要组成部分。

2．会计是适应什么样的需要而产生和发展的？

答：会计同社会生产的发展有密切的关系，它是适应社会生产需要为提高经济效益而产生的。

会计作为提供经济(财务)信息的一项活动，源远流长，自古就有。它通常指会计工作，有时也作为会计人员或会计学的简称。但是，会计作为一种专业知识成为一门独立科学，则是最近一二百年的事。

会计作为能动性专业活动，其含义主要是对收支的计算和记录，也有考核之意。它作为经济管理的重要组成部分，是适应社会生产发展和经济管理的需要而不断发展的。

搞好物质资料的生产、发展生产力，是推动人类社会进步的根本问题。要力求以尽量少的劳动耗费取得更多的劳动成果。因此，自有人类以来，人们就有意识或无意识地关心劳动耗费与劳动成果及二者的得失比较。为了节约劳动时间，人们通过生产实践活动逐渐认识到，必须采用一定的方法，对生产进行记录、计算。尽管早期核算方法极为原始，也很初级，或记事于结绳，或刻事于兽骨，还远远不是今天的会计；但会计自产生、发展以来，无论是作为“生产职能的附带部分”，还是从生产职能中分离出来而成为独立的职能，都与节约劳动时间、讲求经济效果有着不可分割的天然联系。

关心节约劳动时间，是人类发展各个阶段共同的要求。在商品经济条件下，特别是在社会化大生产的商品经济中，人们生产的产品必须进入市场，通过交换才能实现其价值。于是，人们就有了影响其经营成败的收入、成本和盈亏的观念，从而对节约劳动时间及与此相关的会计工作也倍加重视。在资本主义时期，随着社会化大生产、股份制企业的兴起及资本的国际化，会计受到人们前所未有的重视，并使会计逐渐形成了自身的理论和方法体系，成为一门独立的学科。20世纪中叶，会计又发展分化成财务会计与管理会计两大分支，为对外报告和对内管理提供会计信息的服务。可见，经济越发展，会计越重要。正如马克思所指出的：“簿记对资本主义生产比对手工业和农业的分散生产更为重要；对公有生产，比对资本主义生产更为重要。”

在经济活动更加复杂，生产日益社会化，人们的社会联系更加广泛的情况下，一方面会计的内容更加丰富，会计的方法更加完备；另一方面对生产过程进行反映的要求更高，监督也愈显重要，不仅要求会计全面地、系统地记录经济业务，计算经营成果，而且需要通过会计指导和调节生产过程，使它按预期的目标和规定的要求进行。历史的经验说明，做好会计工作，对于加强经营管理、提高经济效益是必不可少的。

3．会计核算职能的特点是什么？

答：会计的核算职能指会计以其特有的方法，对经济活动进行确认、计量、记录和报告，为经济管理提供经济信息的功能。会计核算职能是会计最基本的职能，其特点主要如下：

(1) 会计核算主要利用货币计量，综合反映各单位的经济活动情况。

(2) 会计核算主要是对已发生的经济活动进行事中、事后反映，也面向未来，为预测决策提供信息。

(3) 会计核算具有完整性、连续性和系统性。

(4) 随着电子计算机引入会计领域，会计信息处理及传递变得更为及时、完善，更加准确、规范，更能满足多方面、多层次的需要。

4．会计监督职能的特点是什么？

答：会计的监督职能指会计具有的能按照一定的目的和要求，指导和调节各单位的经济活动的功能。会计监督是会计的又一重要基本职能，其特点主要如下：

(1) 会计监督主要是利用价值指标进行的货币监督。

(2) 会计监督既有事中、事后监督，又有事前监督。

5．试述会计的一般对象。

答：在商品经济条件下，会计的一般对象是社会再生产过程中发生的、能够用货币表现的经济活动，也就是再生产过程中的资金运动。可见，会计的一般对象既没有超出再生产过程中经济活动的范围，又不是再生产过程中的全部经济活动，而仅是其中能够用货币表现的方面。

6．会计要素有哪些？各自的含义是什么？

答：会计要素是会计对象的具体化，也是会计报表的基本构件。会计对象可以划分为资产、负债和所有者权益，以及收入、费用和利润 6 类要素，其主要内容如下。

(1) 资产：指企业过去的交易或者事项形成的、由企业拥有或者控制的、预期会给企业带来经济利益的资源。

(2) 负债：指企业过去的交易或者事项形成的、预期会导致经济利益流出企业的现时义务。

(3) 所有者权益：指企业资产扣除负债后由所有者享有的剩余权益。股份公司的所有者权益又称为股东权益。

(4) 收入：指企业在日常活动中形成的、会导致所有者权益增加的、与所有者投入资本无关的经济利益的总流入。

(5) 费用：指企业在日常活动中发生的、会导致所有者权益减少的、与向所有者分配利润无关的经济利益的总流出。

(6) 利润：指企业在一定会计期间的经营成果，包括收入减去费用后的净额、直接计入当期利润的利得和损失等。

7．会计核算的主要方法有哪些？它们之间有什么联系？

答：会计核算是会计工作的基本环节。会计核算方法指对会计对象(或会计要素)进行完整的、连续的、系统的反映和监督所应用的一系列专门方法的统称。其主要方法有下列 7 种：①设置会计科目和账户；②复式记账；③填制和审核凭证；④登记账簿；⑤成本计算；⑥财产清算；⑦编制会计报表。

会计核算的各种方法是相互联系、密切配合的。在这些专门的方法中，凭证、账簿、报表是核算工作赖以进行的载体，填制和审核会计凭证是会计核算的初始环节，登记账簿是中心环节，而编制会计报表则是最终环节。在一个会计期间，大量经济业务所产生的会计事项都是通过这 3 个环节进行会计处理，将数据资料转化成会计信息的。这个转换过程在持续经营的条件下周而复始，形成所谓的“会计循环”。

各种核算方法之间的联系是：经济业务发生后，经办人员要填制或取得原始凭证，经会计人员审核整理后，按照设置的会计科目运用复式记账法编制记账凭证，并据以登记账簿；要依据账簿记录对生产经营过程中发生的各项费用进行成本计算，并依据财产清查对账簿记录加以核算，在保证账实相符的基础上，根据账簿记录定期编制会计报表。

六、业务题

1. 用线连接左右两方各个项目：

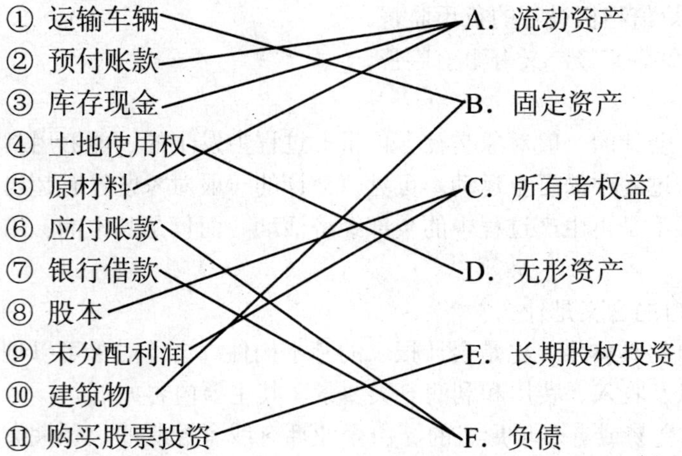

2. (1) 权责发生制与收付实现制的计算结果见表 3-1-1。

表 3-1-1 计算结果

单位：元

业务	权责发生制		收付实现制	
	收入	费用	收入	费用
1			5 000	
2	78 000		54 000	
3			32 000	
4		1 200		
5		2 400		2 400
6	2 600			
7				3 600
8		1 200		
9	23 000			
10		2 000		
合　计	103 600	6 800	91 000	6 000
利　润	96 800		85 000	

(2) 权责发生制下利润总额为 96 800 元，收付实现制下利润总额为 85 000 元，96 800＞85 000。

根据权责发生制的要求，本期收入和费用的确认应当以是否应该确认为标准，而不以款项的实际收付为标准，才能更真实地反映企业特定会计期间经营活动的成果。收付实现制也称现收现付制，要求收入和费用的确认，均以现金流入或现金流出的时间作为确认的标准。权责发生制和收付实现制导致收入和费用在不同期间进行确认，从而导致各期利润不同，权责发生制较收付实现制更加科学。

第二章 账户与复式记账

一、单项选择题

1. C　2. A　3. B　4. C　5. B　6. C　7. C　8. D
9. A　10. B　11. B　12. D　13. A　14. A　15. D　16. D
17. A　18. B　19. B　20. C　21. B　22. C　23. D　24. C

二、多项选择题

1. BCD　2. AB　3. ACD　4. ABCD　5. BCD
6. AC　7. ACD　8. ACD　9. AB　10. BD
11. ABC　12. ABCD　13. AC　14. AC　15. ACD
16. AC　17. ABD　18. AD　19. ABCD　20. ABCD

三、名词解释

1. 会计科目：是指对会计要素的内容进行具体分类的标志或项目，是会计账户的名称。

2. 会计账户：是指按照会计科目设置的具有一定结构的，用以记录各项经济业务的内容、数量、金额的一种簿记形式。

3. 试算平衡：是根据会计恒等式“资产＝负债＋所有者权益”这一平衡关系检查某一会计期间内对每一经济业务的会计处理及全部账户记录内容是否正确、完整的方法。按其检查对象不同可分为会计分录试算平衡、发生额及余额试算平衡。

4. 借贷记账法：是以会计恒等式为理论基础，以“借”、“贷”二字作为记账符号，记录经济业务的复式记账法。

5. 会计分录：简称分录，是按借贷记账法记账规则的要求，分别列示出记录经济业务应借、应贷账户名称及其金额的一种记录形式。

6. 简单会计分录：是指只涉及两个账户，一借一贷对应关系的会计分录。

7. 复合会计分录：是指同时涉及两个以上账户，一借多贷或者多借一贷对应关系的会计分录。

四、判断题

1. ×　2. √　3. √　4. ×　5. √　6. √　7. ×　8. ×　9. ×
10. √　11. √　12. √　13. √　14. ×　15. √　16. ×　17. √　18. √
19. ×　20. √　21. ×　22. √　23. √　24. ×　25. ×　26. √

五、简答题

1. 什么是会计科目？为什么要设置会计科目？

答：会计科目是对会计对象或会计要素的具体内容进一步分类核算的项目。设置会计科目，就是根据会计对象的具体内容和经济管理的要求，事先在设计会计制度时，规定分类核算的项目与范围的一种专门的方法。

通过设置会计科目，可以对纷繁复杂、性质相异的经济业务进行科学的分类，可以将复杂的经济资料变成有规则的经济信息，并为其转换成会计信息准备条件。

2．设置会计科目应遵循哪些原则？

答：设置会计科目应遵循以下原则：

(1) 必须结合会计对象的特点，全面反映会计对象的内容。例如，工业企业的主要经营活动是制造工业产品，因而必须设置反映生产耗费、成本计算和生产成果的会计科目。商业企业的基本经营活动是购进和销售商品，因而必须设置反映商品采购、销售及购、销、存环节发生的各项费用的账户。

(2) 会计科目的设置既要满足对外报告的要求，又要符合内部经营管理的需要，并根据需要提供数据的详细程度，分设总分类科目和明细分类科目。

(3) 既要适应经济业务发展的需要，又要保持相对稳定。

(4) 做到统一性与灵活性相结合。对一些主要会计科目的设置及其核算内容，应按照《企业会计准则》进行统一的规定，以保证会计核算指标在一个部门，乃至全国范围内的综合汇总和分析利用；在保证提供统一核算指标的前提下，各单位可以根据具体情况和经济管理要求，对统一规定的会计科目作必要的增补或简并。

(5) 会计科目要简明、适用，并要分类、编号。

3．什么是账户？账户的基本结构如何？

答：账户是对会计要素进行分类核算的工具。它应以会计科目作为名称，并具有一定的格式。由于经济业务发生所引起的各项会计要素的变动，从数量上看不外乎是增加和减少两种情况。因此，账户结构也相应地分为两个基本部分，划分为左右两方，以一方登记增加额，另一方登记减少额。账户要依附于簿籍开设，亦即账簿，每个账户只表现为账簿中某张或某些账页，一般包括下列内容：①账户的名称(即会计科目)；②日期和摘要；③增加或减少的金额及余额；④凭证号数。

4．会计科目与账户的关系如何？

答：会计科目与账户是两个既有区别又有联系的概念。它们都是被用来分门别类地反映会计对象的。账户是根据会计科目开设的，但会计科目只是账户的名称，它只能表明某项经济业务内容，而账户除了名称之外，还具有一定的格式，可以对会计对象进行连续、系统的记录，以便反映某项经济业务的增减变化及其结果。由于账户按照会计科目命名，两者完全一致，所以在实际工作中，会计科目与账户常被作为同义词来理解，互相通用，不加区别。

5．账户中所记录的金额有哪几种？它们之间的关系如何？

答：账户作为对会计要素进行分类核算的工具，主要是用来对各项经济业务进行分类、连续及系统的记录。账户左右两方的“金额”栏，分别记录由于经济业务发生而引起的各会计要素的增加额和减少额，增减相抵后的差额称为账户的余额。余额按其表示的时间不同，分为期初余额和期末余额。因此，在账户中所记录的金额有期初金额、本期增加发生额、本期减少发生额和期末余额。这 4 项金额的关系可以用下列等式表示：

期末余额＝期初余额＋本期增加发生额－本期减少发生额

6．经济业务的发生对资产与权益(负债和所有者权益)的影响有哪几种类型？

答：各项经济业务的发生，导致资产总额与权益总额的增减变动，归纳起来，不外乎下列 4 种类型：

(1) 经济业务的发生，导致资产项目与权益项目同时增加，双方增加的金额相等。

(2) 经济业务的发生，导致资产项目与权益项目同时减少，双方减少的金额相等。

(3) 经济业务的发生，导致资产项目之间此增彼减，增减的金额相等。

(4) 经济业务的发生，导致权益项目之间此增彼减，增减的金额相等。

具体说来，有下列几种情形。

(1) 资产项目与负债项目等额同增。

(2) 资产项目与所有者权益项目等额同增。

(3) 资产项目与负债项目等额同减。

(4) 资产项目与所有者权益项目等额同减。

(5) 资产项目之间等额此增彼减。

(6) 负债项目之间等额此增彼减。

(7) 所有者权益项目之间等额此增彼减。

(8) 负债与所有者权益项目等额此增彼减。

上述各种情形的出现，都不会破坏资产与权益的平衡关系。

7．什么是复式记账法？什么是单式记账法？各有哪些主要特点？

答：复式记账法是指一项经济业务发生后，要在两个或两个以上相联系的账户中，以相等的金额进行全面、连续、系统登记的一种记账方法。

单式记账法是指对发生的经济业务只在一个账户中进行登记的记账方法。

单式记账法是一种比较简单、不完整的记账方法，一般只适用于现金及债权债务账户的记录。这种记账方法既不能反映现金减少的原因，也不能反映应付账款增加的原因，各账户之间的记录没有直接的关系，形不成相互对应的关系，没有一套完整的账户体系，不能全面、系统地反映经济业务的来龙去脉，不能提供完整、客观的会计信息，也不便于检查账户记录的正确性，是一种简单且不科学的记账方法。

复式记账法是一种科学的记账方法，与单式记账法相比，具有以下特点。

(1) 在两个或两个以上相互联系的账户中记录一项经济业务，以反映资金运动的来龙去脉，尽管经济业务是多种多样的，但每次资金运动都表现出不同来源或不同资产。对于每项经济业务，要在两个或两个以上相互联系的账户中登记，不仅可以反映每项经济业务的来龙去脉，而且可以将某一会计期间发生的全部经济业务作为一个有机的整体在整个账户体系中进行反映，也可以通过账户记录，全面、系统地了解资本运动的过程及结果。

(2) 以相等的金额记入相应的账户，以便于检查账簿记录的正确性。运用复式记账，账户的记录及账户之间的关系不再孤立，每项经济业务发生时，以相等的金额进行记录，对账户记录的内容及结果可以利用账户之间的相互关系进行试算平衡，以检查账簿记录的正确性。

8．什么是借贷记账法？借贷记账法下账户结构、记账规则和试算平衡的特点是什么？

答：借贷记账法是以会计恒等式为理论基础，以“借”、“贷”二字作为记账符号，记录经济业务的复式记账法。

借贷记账法下账户结构也分为左右两方，左方为借方，右方为贷方。资产类和成本类账户的借方表示增加，贷方表示减少，余额一般在借方；负债和所有者权益类账户的借方表示减少，贷方表示增加，余额一般在贷方；收益类账户的借方表示减少，贷方表示增加，期末一般没有余额；费用类账户的借方表示增加，贷方表示减少，期末一般没有余额。

借贷记账法下的记账规则可以概括为“有借必有贷，借贷必相等”。利用这一记账规则在对经济业务进行记录时有两个方面的要求：①对于任何一个经济业务必须同时在两个或两个以上相互联系的账户中以相反的方向进行登记；②以相等的金额同时记入借方账户和贷方账户。

借贷记账法的试算平衡是会计工作中经常使用的一种方法，它是根据会计恒等式“资产＝负债＋所有者权益”这一平衡关系检查某一会计期间内对每一经济业务的会计处理及全部账户记录内容是否正确、完整的方法。按其检查对象不同可分为会计分录试算平衡、发生额及余额试算平衡。会计实务中进行试算平衡是保证账务处理和会计信息完整性和正确性不可缺少的一环，但试算平衡并非表示账务处理和记录绝对正确，它不是检验账务处理正确性的唯一方法，有些错误是试算平衡不能发现的，如借贷方向性错误，对应账户同时多记或少记相等金额及漏记某项经济业务等。

9．简述会计分录及其种类。

答：会计分录简称分录，是按借贷记账法记账规则的要求，分别列示出记录经济业务应借、应贷账户名称及其金额的一种记录形式。

会计分录按照对应账户的多少可以分为简单会计分录和复合会计分录，简单会计分录是指只涉及两个账户，一借一贷对应关系的会计分录；复合会计分录是指同时涉及两个以上账户，一借多贷或者多借一贷对应关系的会计分录。

六、业务题

1．(1) A：60 000　　B：61 000　　C：375 000。

(2) 流动资产总额：115 000。

(3) 负债总额：112 000。

(4) 净资产总额：263 000。

用直线连接，说明下列各项目的的归属。

2．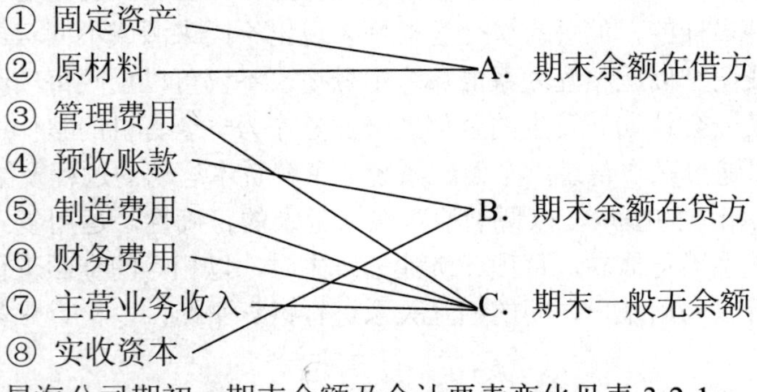

3．星海公司期初、期末余额及会计要素变化见表 3-2-1。

表 3-2-1　星海公司期初、期末余额及会计要素变化　　单位：元

项目	资产	负债	所有者权益
期初余额	375 000	112 000	263 000
(1)	固定资产＋30 000 银行存款－30 000		

续表

项目	资产	负债	所有者权益
(2)	原材料＋10 000		实收资本＋10 000
(3)	银行存款－5 000	应付账款－5 000	
(4)	银行存款＋8 000 应收账款－8 000		
(5)		长期借款－50 000	实收资本＋50 000
(6)			实收资本＋20 000 资本公积－20 000
期末余额	380 000	57 000	323 000

4．会计分录：

(1) 从银行提取现金 500 元。

借：库存现金　　500
　　贷：银行存款　　500

(2) 购入一批原材料 82 000 元，款项尚未支付。

借：原材料　　82 000
　　贷：应付账款　　82 000

(3) 投资者投入一项固定资产，价值 124 000 元。

借：固定资产　　124 000
　　贷：实收资本　　124 000

(4) 生产领用一批原材料 150 000 元。

借：生产成本　　150 000
　　贷：原材料　　150 000

(5) 偿还前欠账款 70 350 元，其中转账支付 70 000 元，其余用现金支付。

借：应付账款　　70 350
　　贷：银行存款　　70 000
　　　　库存现金　　350

(6) 收回前欠账款 15 800 元，存入银行。

借：银行存款　　15 800
　　贷：应收账款　　15 800

(7) 购买一批原材料，价款 58 600 元，用银行存款支付。

借：原材料　　58 600
　　贷：银行存款　　58 600

(8) 从银行取得一笔一年期以内的借款 30 000 元，存入银行。

借：银行存款　　30 000
　　贷：短期借款　　30 000

(9) 收到购货单位前欠的货款 20 100 元，其中 20 000 元存入银行，其余部分收取现金。

借：库存现金　　100
　　银行存款　　20 000

贷：应收账款 20 100

(10) 归还银行短期借款 20 000 元。

借：短期借款 20 000

贷：银行存款 20 000

5．会计分录：

(1) 借：固定资产 10 000

贷：银行存款 10 000

(2) 借：库存现金 1 000

贷：银行存款 1 000

(3) 借：原材料 20 000

贷：银行存款 20 000

(4) 借：生产成本 40 000

贷：原材料 40 000

(5) 借：应付账款 22 500

贷：银行存款 22 500

(6) 借：银行存款 150 000

贷：长期借款 150 000

(7) 借：应交税费 9 000

贷：银行存款 9 000

(8) 借：银行存款 5 000

贷：实收资本 5 000

(9) 借：银行存款 16 000

库存现金 2 000

贷：应收账款 18 000

(10) 借：应付账款 28 000

短期借款 20 000

贷：银行存款 48 000

发生额及余额试算平衡表见表 3-2-2。

表 3-2-2　总分类账本期发生额及余额试算平衡表

2012 年 10 月 31 日　　单位：元

账户名称	期初余额		本期发生额		期末余额	
	借方	贷方	借方	贷方	借方	贷方
库存现金	1 500		3 000		4 500	
银行存款	45 000		171 000	110 500	105 500	
原材料	90 000		20 000	40 000	70 000	
应收账款	47 700			18 000	29 700	
库存商品	60 000				60 000	
生产成本	22 500		40 000		62 500	
长期股权投资	180 000				180 000	
固定资产	600 000		10 000		610 000	

续表

账户名称	期初余额		本期发生额		期末余额	
	借方	贷方	借方	贷方	借方	贷方
短期借款		195 000	20 000			175 000
应付账款		142 500	50 500			92 000
应交税费		9 000	9 000			
长期借款		186 000		150 000		336 000
实收资本		304 200		5 000		309 200
资本公积		140 000				140 000
盈余公积		70 000				70 000
合　计	1 046 700	1 046 700	323 500	323 500	1 122 200	1 122 200

6．会计分录：

(1) 借：原材料　6 000
　　贷：应付账款　6 000

(2) 借：原材料　4 000
　　贷：银行存款　4 000

(3) 借：固定资产　70 000
　　贷：实收资本　70 000

(4) 借：银行存款　40 000
　　贷：短期借款　40 000

(5) 借：银行存款　20 000
　　贷：应收账款　20 000

(6) 借：其他应收款　1 000
　　贷：库存现金　1 000

(7) 借：短期借款　30 000
　　贷：银行存款　30 000

(8) 借：应交税费　30 000
　　贷：银行存款　30 000

(9) 借：应付账款　10 000
　　贷：银行存款　10 000

(10) 借：库存现金　4 000
　　贷：银行存款　4 000

(11) 借：盈余公积　10 000
　　贷：实收资本　10 000

各项目总额及变化见表 3-2-3。

表 3-2-3　各项目总额及变化

项目	资产	负债	所有者权益
期初余额	800 000	210 000	590 000
本期发生额 (1)	＋6 000	＋6 000	

续表

项目	资产	负债	所有者权益
(2)	+4 000，−4 000		
(3)	+70 000		+70 000
(4)	+40 000	+40 000	
(5)	+20 000，−20 000		
(6)	+1 000，−1 000		
(7)	−30 000	−30 000	
(8)	−30 000	−30 000	
(9)	−10 000	−10 000	
(10)	+4 000，−4 000		
(11)			−10 000，+10 000
本期发生额合计	+46 000	−24 000	+70 000
期末余额	846 000	186 000	660 000

第三章 会 计 凭 证

一、单项选择题

1．D　2．C　3．D　4．D　5．C　6．C　7．B　8．D　9．D
10．B　11．B　12．A　13．D　14．A　15．B　16．C　17．D　18．C
19．D　20．A　21．B　22．A　23．C　24．C　25．A

二、多项选择题

1．BCD　2．BCD　3．ABCD　4．ABCD　5．AD　6．BCD
7．ABC　8．BCD　9．ACD　10．ABCD　11．ABCD　12．CD

三、名词解释

1．会计凭证：是记录经济业务、明确经济责任和登记账簿的书面证明。

2．原始凭证：是经济业务发生时取得或填制的，用以记录经济业务内容和完成情况的书面证明。

3．一次凭证：是只反映一项经济业务或同时反映若干项同类经济业务的凭证，它的填制手续是一次完成的，所以称为一次凭证。

4．累计凭证：是为了便于加强管理、简化手续，用来连续反映一定时期内若干项不断重复发生的同类经济业务的原始凭证，它的填制手续是随着经济业务的发生而分次进行的，所以称为累计凭证。

5．汇总凭证：是将一定时期内反映经济业务内容相同的若干张原始凭证按照一定标准汇总而填制的凭证。

6．记账凭证：也叫分录凭证，它是会计人员根据审核后的原始凭证或原始凭证汇总表上的经济业务内容，应用会计科目和复式记账法，加以归类填制并直接作为记账依据的凭证。

7．收款凭证：是用来记录现金和银行存款收讫业务的记账凭证。

8．付款凭证：是用来记录现金和银行存款付讫业务的记账凭证。

9．转账凭证：是用来记录除现金、银行存款以外的其他经济业务的记账凭证。

四、判断题

1．× 2．√ 3．√ 4．√ 5．× 6．√ 7．× 8．×
9．× 10．× 11．× 12．× 13．× 14．√ 15．× 16．√
17．√ 18．× 19．√ 20．√ 21．× 22．× 23．× 24．×
25．× 26．√ 27．× 28．√ 29．× 30．√

五、简答题

1．填制和审核会计凭证的意义何在？

答：填制和审核会计凭证的意义，归纳起来有以下 3 个方面：①填制、取得会计凭证，可以及时正确地反映各项经济业务的完成情况；②审核会计凭证，可以更有效地发挥会计的监督作用，使经济业务合理合法；③填制和审核会计凭证，便于分清经济责任，可以加强经济管理中的责任制。

2．简要说明原始凭证与记账凭证的区别。

答：原始凭证与记账凭证的区别主要体现在两个方面：

(1) 填制程序不同。原始凭证是在经济业务发生时由经办人员直接取得的，而记账凭证是由会计人员根据审核无误后的原始凭证编制的。

(2) 用途不同。原始凭证用来记录经济业务的发生或完成情况，是进行会计核算的原始资料和重要依据；记账凭证是为了便于登记账簿而编制的，是登记账簿的直接依据。

3．原始凭证应具备哪些基本内容？

答：原始凭证应具备的主要内容有：①原始凭证的名称；②填制凭证的日期；③凭证的编号；④填制和接受凭证的单位名称；⑤经济业务的基本内容，其中包括经济业务发生的数量和金额；⑥填制单位及有关人员的签章。

4．填制原始凭证应遵循哪些基本要求？

答：原始凭证的填制必须符合的基本要求是：①凭证所反映的经济业务必须符合国家有关政策、法令、规章、制度的要求；②填制在凭证上的内容和数字，必须真实可靠；③各种凭证的内容必须逐项填写齐全，不得遗漏，手续必须完备；④各种凭证的书写必须字迹清楚，易于辨认；⑤大小写金额必须正确填写，用字规范；⑥各种凭证不得随意涂改、刮擦、挖补，填写错误需要更正时，应用划线更正法予以更正；⑦各种凭证必须连续编号，以便查考；⑧各种凭证的填写必须及时，并按规定的程序及时送交财会部门。

5．原始凭证审核的主要内容有哪些？

答：原始凭证的审核，主要包括以下两方面的内容：①审核原始凭证所记录的经济业务的合法性。就是审查发生的经济业务是否符合国家有关的规定和计划的要求，有无违反财经纪律等违法乱纪的行为。②审查原始凭证填写的内容是否符合规定的要求。例如，查阅凭证所记录的经济业务是否符合实际情况，项目的填写是否齐全，数字和文字是否正确，书写是否清楚，有关人员是否已签名盖章等。

6．记账凭证应具备哪些基本内容？

答：记账凭证应具备的基本内容是：①填制单位的名称；②记账凭证的名称；③记账凭证的编号；④填制凭证的日期；⑤经济业务的内容摘要；⑥应借、应贷的会计账户(包括一级账户、二级账户和明细账户)和金额；⑦所附原始凭证的张数；⑧制证、审核、记账、会计主管等有关人员的签章，收款凭证和付款凭证还应由出纳人员签名或盖章。

7．涉及现金和银行存款之间相互收付的业务应编制何种记账凭证？为什么？

答：应填制付款凭证。因为这类业务既涉及现金(或银行存款)的收入，又涉及银行存款(或现金)的付出，如既填制现金(或银行存款)收款凭证，又填制银行存款(或现金)付款凭证，即一项经济业务填制两张复式凭证，就可能造成重复记账。因此，为了避免重复记账，统一规定只填制付款凭证。

8．填制记账凭证有哪些具体要求？

答：各种记账凭证的填制，除了应严格做到填制原始凭证的要求外，还应做到以下几点：①要抓住经济业务的要点，在“摘要”栏内简练概括地说明经济业务的内容。②必须按照会计制度规定的会计科目及其核算内容，结合经济业务的内容，正确编制会计分录。③不得把不同类型的经济业务合并填列在一张记账凭证中，以防止科目对应关系混淆不清。④记账凭证在一个月内应连续编号，以便查核。⑤正确地填写记账凭证的日期。⑥记账凭证所附的原始凭证必须完整无缺；如果根据同一原始凭证填制两张记账凭证，则应在未附原始凭证的记账凭证上注明“附件×张，见第××号记账凭证”；如果原始凭证需另行保管，则应在记账凭证上注明；更正错账和结账的记账凭证，可以不附原始凭证。

9．记账凭证审核的主要内容有哪些？

答：记账凭证的审核，除了应对原始凭证进行必要的复核外，主要审核以下几方面的内容：

(1) 记账凭证是否附有原始凭证，原始凭证是否齐全；记录的内容与所附原始凭证的内容是否一致。对于没有原始凭证的会计事项，则应审核记账凭证是否填明了有关依据，这些依据是否属实。

(2) 应根据经济业务的内容和会计制度等的规定，审核记账凭证中应借、应贷的科目及其金额是否正确，科目对应关系是否清晰；借贷双方的金额是否平衡；明细科目金额之和与相应的总账科目的金额是否相等。

(3) 审核记账凭证各个项目的填列是否齐全，有关人员是否都已签章。

六、业务题

1．会计分录：

(1) 编制银行存款付款凭证。

借：原材料——甲材料	10 800	
应交税费——应交增值税(进项税额)	1 700	
贷：银行存款		12 500

(2) ① 编制转账凭证。

借：管理费用　　1 000

　　贷：其他应收款　　1 000

② 编制现金付款凭证。

借：管理费用　　280

　　贷：库存现金　　280

(3) 编制转账凭证。

借：固定资产　　125 000

　　贷：实收资本　　125 000

(4) ① 编制银行存款收款凭证。

借：银行存款　　30 000

　　贷：主营业务收入　　30 000

② 编制转账凭证。

借：应收账款　　12 000

　　贷：主营业务收入　　12 000

(5) 编制银行存款付款凭证。

借：财务费用　　560

　　贷：银行存款　　560

(6) 编制转账凭证。

借：生产成本　　28 000

　　制造费用　　15 000

　　管理费用　　20 000

　　贷：应付职工薪酬　　63 000

(7) 编制银行存款付款凭证。

借：管理费用　　10 000

　　贷：银行存款　　10 000

(8) 编制银行存款付款凭证。

借：管理费用　　8 000

　　贷：银行存款　　8 000

(9) 编制银行存款付款凭证。

借：库存现金　　53 000

　　贷：银行存款　　53 000

(10) 编制转账凭证。

借：制造费用　　16 000

　　管理费用　　12 000

　　贷：累计折旧　　28 000

2．会计分录：

(1) 编制转账凭证。

借：原材料——乙材料　　5 000

　　应交税费——应交增值税(进项税额)　　850

贷：应付账款——大达公司 5 850

(2) 编制银行存款付款凭证。

借：库存现金 3 000

贷：银行存款 3 000

(3) 编制银行存款付款凭证。

借：其他应收款——陈林 2 000

贷：银行存款 2 000

(4) 编制银行存款付款凭证。

借：原材料——甲材料 50 000

应交税费——应交增值税(进项税额) 8 500

贷：银行存款 58 500

(5) 编制银行存款付款凭证。

借：原材料——丙材料 25 000

应交税费——应交增值税(进项税额) 4 250

贷：银行存款 29 250

(6) 编制银行存款付款凭证。

借：应付账款——大达公司 5 850

贷：银行存款 5 850

(7) ① 编制转账凭证。

借：管理费用 2 000

贷：其他应收款 2 000

② 编制现金付款凭证。

借：管理费用 220

贷：库存现金 220

第四章 会 计 账 簿

一、单项选择题

1. B　2. B　3. C　4. B　5. B　6. B　7. A　8. A
9. B　10. B　11. D　12. D　13. A　14. A

二、多项选择题

1. ABD　2. ACD　3. ABC　4. ACD　5. CD
6. ACD　7. ABC　8. BC　9. ABCD　10. BCD

三、名词解释

1. 账簿：是指按规定的会计账户设置的账页组成的，用来全面、连续、系统地反映一定时期内某类或全部经济业务完成情况的簿籍。

2．序时账簿：也称日记账，是按照经济业务发生的时间先后顺序，逐日逐笔登记经济业务的账簿。

3．普通日记账：是用来记录全部会计事项的完成情况的日记账。

4．特种日记账：是用来记录某一类会计事项的完成情况的日记账。

5．分类账簿：是对全部经济业务按照总分类账户和明细分类账户进行分类登记的账簿。

6．备查账簿：是对某些在日记账和分类账等主要账簿中未能记载的事项，进行补充登记的账簿。它可以为某些经济业务的内容提供必要的参考资料。

四、判断题

1．× 2．× 3．× 4．× 5．√ 6．× 7．× 8．√
9．× 10．× 11．× 12．√ 13．× 14．√ 15．√ 16．×
17．√ 18．√ 19．× 20．√ 21．× 22．×

五、简答题

1．设置账簿有什么意义？

答：设置和登记账簿的意义概括地说，有以下几点：

(1) 可以系统、全面地反映单位每一类经济业务和全部经济业务的发生和完成情况，为单位日常经营管理提供完整的会计信息。

(2) 可以为定期编制会计报表提供数据资料。

(3) 可以为考核企业经营成果、加强经济核算、分析经济活动和审计提供依据。

2．账簿的设置应遵循哪些原则？

答：账簿的设置应遵循以下几项原则。①账簿的设置要能保证全面、系统地反映和监督各单位的经济活动情况，为经济管理提供完整、系统的核算资料；②账簿设置要在满足实际需要的前提下，考虑人力、物力的节约，注意防止重复设账；③账簿的格式，要根据所记录的经济业务的内容和需要提供的核算指标进行设计，要力求简明实用，避免烦琐复杂。

3．画线更正法适用于什么情况？怎样利用它来更正错账？

答：结账前，若发现账簿记录有错误，而记账凭证无错误，即纯属登账时文字或数字的笔误，应采用画线更正法更正。更正时，先在错误的文字或数字上画一条红线，表示注销；然后，将正确的文字或数字用蓝字写在被注销的文字或数字的上方，并由记账人员在更正处盖章。应当注意的是，更正时，必须将错误数字全部划销，而不能只划销更正其中个别数字，并应保持原有字迹仍可辨认，以备日后查考。

4．红字更正法适用于哪些情况？怎样利用它来更正错账？

答：红字更正法一般适用于以下两种情况。

(1) 记账以后，发现记账凭证中应借、应贷的会计科目有错误，应采用红字更正法更正。更正时，先用红字(金额用红字)填制一张会计分录与原错误记账凭证相同的记账凭证，并据以登记入账，以冲销原来的错误记录；然后，用蓝字填制一张正确的记账凭证，并据以登记入账。

(2) 记账以后，发现记账凭证和账簿中所记金额大于应记金额，而应借、应贷的会计账户并无错误，亦应用红字更正法更正。更正时，用红字(金额用红字)按多记的金额填制一张应借、应贷会计账户与原错误记账凭证相同的记账凭证，并据以登记入账，以冲销多记的金额。

5．补充登记法适用于什么情况？怎样利用它来更正错账？

答：记账以后，发现记账凭证和账簿的所记金额小于应记金额，而应借、应贷的会计账户并无错误，应用补充登记法更正。更正时，按少记的金额填制一张应借、应贷会计账户与原错误记账凭证相同记账凭证，并据以登记入账，以补充少记的金额。

6．简述对账工作的主要内容。

答：对账，是指会计核算中，对账簿记录所进行的核对工作。其主要内容如下。

(1) 账证核对，指各种账簿的记录与有关会计凭证的核对，通过这种核对保证账证相符。

(2) 账账核对，指将各种账簿之间有关数字进行核对，做到账账相符。其主要内容是：①总分类账各账户借方期末余额合计数与贷方期末余额合计数核对相符；②总分类账现金账户和银行存款账户的期末余额分别与现金日记账和银行存款日记账的期末余额应核对相符；③总分类账各账户的期末余额与其所属的各明细分类账户的期末余额之和核对相符；④会计部门的各种财产物资明细分类账的期末余额与财产物资保管和使用部门的有关财产物资明细分类账的期末余额应核对相符。

(3) 账实核对，指各种财产物资的账面余额与实存数额相核对。其具体内容是：①现金日记账账面余额与现金实际库存数相核对；②银行存款日记账账面余额与开户银行账目相核对；③各种财产物资明细账账面余额与财产物资的实物数量相核对；④各种应收、应付款明细账账面余额与有关债务、债权单位或个人相核对。

7．简述总账与明细账的平行登记。

答：总账对其所属明细账起着统驭和控制的作用，而明细账对总账起着补充和说明的作用。总账和明细账的平行登记就是在登记总账和明细账时，独立进行，互不依赖，做到同依据、同时间、同方向、同金额。

六、业务题

1．(1) 此项经济业务原记账凭证中贷账户有错误，应采用红字更正法予以更正。

借：管理费用　　200（红字）

　　贷：库存现金　　200（红字）

并据以登账，然后编制正确的记账凭证：

借：管理费用　　200

　　贷：银行存款　　200

并据以登账。

(2) 此项经济业务，原记账凭证中会计账户没有错误，只是金额少记了，应采用补充登记法予以更正，编制如下会计分录：

借：预付账款　　3 600

　　贷：银行存款　　3 600

并据以登账。

(3) 此项经济业务，原记账凭证中会计账户没有错误，只是金额多记了，因此采用红字更正法予以更正，编制如下会计分录：

借：管理费用 3 000

贷：银行存款 3 000

并据以登账。

(4) 此项经济业务，原记账凭证中会计账户没有错误，记账金额也无错误，只是在“现金付出”栏把金额记成了87元，应该采用画线更正法更正。用红笔将“现金”账户的贷方“87”划掉，再用蓝笔在其上方填上“78”，再盖上记账人员名章。

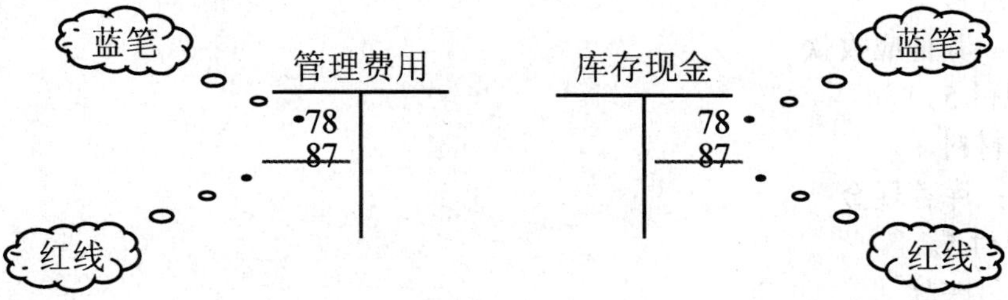

2. (1) 现付1。

借：其他应收款 500

贷：库存现金 500

(2) 银付1。

借：库存现金 4 000

贷：银行存款 4 000

(3) 银付2。

借：应交税费 2 800

贷：银行存款 2 800

(4) 银收1。

借：银行存款 80 000

贷：短期借款 80 000

(5) 银付3。

借：库存现金 46 000

贷：银行存款 46 000

(6) 现付2。

借：应付职工薪酬 46 000

贷：库存现金 46 000

(7) 现付3。

借：制造费用 190

贷：库存现金 190

(8) 银收2。

借：银行存款 95 000

贷：应收账款 95 000

(9) 银付4。

借：管理费用 5 800

贷：银行存款 5 800

(10) 现付4。

借：管理费用　　180

　　贷：库存现金　　180

(11) 现收1。

借：库存现金　　50

　　贷：其他应收款　　50

转账1。

借：管理费用　　450

　　贷：其他应收款　　450

(12) 现付5。

借：原材料　　160

　　贷：库存现金　　160

(13) 银付5。

借：应付账款　　24 000

　　贷：银行存款　　24 000

(14) 银收3。

借：银行存款　　23 400

　　贷：主营业务收入　　20 000

　　　　应交税费——应交增值税(销项税额)　　3 400

(15) 银付6。

借：原材料　　80 200

　　应交税费——应交增值税(进项税额)　　13 600

　　贷：银行存款　　93 800

(16) 银付7。

借：预付账款　　43 000

　　贷：银行存款　　43 000

(17) 现付6。

借：银行存款　　3 000

　　贷：库存现金　　3 000

(18) 银付8。

借：制造费用　　21 000

　　贷：银行存款　　21 000

(19) 银付9。

借：预付账款　　30 000

　　贷：银行存款　　30 000

(20) 银收4。

借：银行存款　　57 000

　　贷：预收账款　　57 000

(21) 银付10。

借：销售费用　　4 000

　　贷：银行存款　　4 000

第五章　企业主要经济业务的核算

一、单项选择题

1. C　2. B　3. D　4. B　5. B　6. C　7. D　8. C　9. C
10. D　11. C　12. A　13. D　14. A　15. C　16. D　17. B　18. C

二、多项选择题

1. ABCD　2. ABCD　3. AC　4. ABD　5. BCD
6. ABC　7. ABCD　8. ABCD　9. BCD　10. BCD
11. ABC　12. ABCD　13. ACD

三、判断题

1. ×　2. √　3. ×　4. √　5. ×　6. ×　7. ×　8. ×　9. √
10. √　11. ×　12. √　13. √　14. ×　15. √　16. ×　17. ×　18. √
19. ×　20. ×　21. ×　22. ×　23. ×　24. √　25. √　26. √

四、简答题

1. “材料采购”账户的用途是什么？它的结构如何？借方登记什么？贷方登记什么？期末有无余额？如有余额，在哪一方？表示什么？

答：“材料采购”账户是用来核算企业采用计划成本进行材料日常核算而购入材料的采购成本。账户借方登记购入材料实际支付的买价和采购费用；贷方登记验收入库材料的计划成本，同时结转材料成本差异，如为超支差异，则借记“材料成本差异”账户，贷记该账户，如为节约差异，则借记该账户，贷记“材料成本差异”账户。期末如有余额在借方，表示在途材料的采购成本。

2. “生产成本”账户的结构特点是什么？与其借贷方发生对应关系的账户主要有哪几个？

答：“生产成本”账户是用来归集和分配产品生产过程中所发生的各项费用，正确计算产品生产成本的账户。它的结构特点是，账户借方登记应记入产品生产成本的各项费用，贷方登记完工入库产品的生产成本，期末如有余额在借方，表示尚未完工产品(在产品)的成本，即生产资金的占用额。与“生产成本”账户借方发生对应关系的账户主要有“原材料”、“应付职工薪酬”和“制造费用”等账户；与其贷方发生对应关系的账户主要是“库存商品”账户。

3. 为什么要设立“长期待摊费用”账户？

答：由于会计核算是分期进行的，而有些费用的发生期和归属期却不同，企业预先支付了各项费用，但是会使以后的会计期间受益，并且受益年限超过一年，那么要设立“长期待摊费用”账户来反映这些预付性质的费用，该账户从性质上而言属于资产类账户。

4. 如何计算企业的营业利润、利润总额、净利润？

答：企业一定会计期间的净利润是由以下几部分构成的，其关系为

营业利润＝营业收入－营业成本－营业税金及附加－
销售费用－管理费用－财务费用－
资产减值损失±公允价值变动损益＋投资收益
利润总额＝营业利润＋营业外收入－营业外支出
净利润＝利润总额－所得税费用

5．简述“本年利润”和“利润分配”账户的关系。

答：“本年利润”账户是用来反映和监督企业本年实现的利润或发生的亏损的账户。企业实现的净利润应当按照国家规定进行分配。企业进行利润分配意味着企业实现利润的减少，本应借记“本年利润”账户，直接冲减本年实现的净利润。但如果这样处理，“本年利润”账户期末贷方余额只能是未分配利润数(实现的净利润减去已分配的利润数)，就不能提供本年累计实现的利润额。而这项指标却又是管理上需要的。基于这种原因，核算中专门设立了“利润分配”账户，用以反映企业利润的分配情况。该账户借方登记实际分配的利润数额，贷方平时一般不作登记，因而在年度中间该账户的期末余额为借方余额，表示截至本期企业累计已分配利润数额。平时，将“本年利润”账户的贷方余额与“利润分配”账户的借方余额相减，可以求得未分配的利润余额。年末，将全年实现的净利润自“本年利润”账户借方结转记入“利润分配”账户的贷方，结转后，“利润分配”账户如为贷方余额，表示年末未分配利润数额；如为借方余额，表示年末未弥补的亏损。

五、业务题

1．(1) 借：应付账款——A 工厂　　50 000
　　贷：银行存款　　50 000

(2) 借：原材料　　41 200
　　应交税费——应交增值税(进项税额)　　6 800
　　贷：预付账款——C 工厂　　48 000

(3) 借：在途物资　　10 000
　　应交税费——应交增值税(进项税额)　　1 700
　　贷：应付账款——B 工厂　　11 700

(4) 借：预付账款——C 工厂　　13 000
　　贷：银行存款　　13 000

“T”型账：

应付账款(总账)

	125 000
50 000	11 700
	86 700

应付账款——A 工厂

	78 000
(1)50 000	
	28 000

应付账款——B 工厂

	47 000
	(3)11 700
	58 700

预付账款(总账)

65 000	
13 000	48 000
30 000	

预付账款——C 工厂

35 000	
(4)13 000	(2)48 000

预付账款——D 工厂

30 000	
30 000	

2. (1) 借：应付账款——A 工厂　　50 000
　　贷：银行存款　　50 000
(2) 借：原材料　　41 200
　　应交税费——应交增值税(进项税额)　　6 800
　　贷：应付账款——C 工厂　　48 000
(3) 借：在途物资　　10 000
　　应交税费——应交增值税(进项税额)　　1 700
　　贷：应付账款——B 工厂　　11 700
(4) 借：应付账款——C 工厂　　13 000
　　贷：银行存款　　13 000

应付账款(总账)

	60 000
50 000	48 000
13 000	11 700
63 000	119 700
	56 700

应付账款——A 工厂

	78 000
(1)50 000	
	28 000

应付账款——B 工厂

	47 000
	(3)11 700
	58 700

应付账款——C 工厂

35 000	
(4)13 000	(2)48 000

应付账款——D 工厂

30 000	
30 000	

3. (1) 借：银行存款　　35 100
　　贷：主营业务收入——甲工厂　　30 000
　　　　应交税费——应交增值税(销项税额)　　5 100
(2) 借：应收账款——乙公司　　52 650
　　贷：主营业务收入——乙公司　　45 000
　　　　应交税费——应交增值税(销项税额)　　7 650
(3) 借：主营业务成本——甲工厂　　22 500
　　　　　　　　——乙公司　　34 500
　　贷：库存商品——A 产品　　22 500
　　　　　　　——B 产品　　34 500
(4) 借：销售费用　　1 000
　　贷：银行存款　　1 000

(5) 借：销售费用　　11 400
　贷：应付职工薪酬——工资　　10 000
　　　——福利费　　1 400
(6) 借：银行存款　　1 200
　贷：其他业务收入　　1 200
(7) 借：其他业务成本　　1 000
　贷：原材料　　1 000

营业收入＝主营业务收入＋其他业务收入＝30 000＋45 000＋1 200＋76 200

营业成本＝主营业务成本＋其他业务成本＝22 500＋34 500＋1 000＝58 000

4．(1) 制造费用分配率＝30 530/35 500＝0.86

A 产品分配制造费用：28 000×0.86＝24 080(元)

B 产品分配制造费用：7 500×0.86＝6 450(元)

借：生产成本——A 产品　　24 080
　　——B 产品　　6 450
　贷：制造费用　　30 530

(2)

完工 A 产品的成本＝25 960＋(88 500＋28 000＋24 080)－500×59.5＝136 790(元)

完工 B 产品的成本＝15 306＋(40 200＋7 500＋6 450)＋69 456(元)

借：库存商品——A 产品　　136 790
　　——B 产品　　69 456
　贷：生产成本——A 产品　　136 790
　　　——B 产品　　69 456

5．12 月应交所得税额＝425 000×25%－101 750
＝106 250－101 750
＝4 500(元)

全年净利润额＝425 000－(101 750＋4 500)＝318 750(元)

6．净利润＝25－25×25%＝18.75(万元)

提取的盈余公积＝18.75×10%＝1.875(万元)

年末未分配利润＝18.75－1.875－6＝10.875(万元)

年末所有者权益＝100＋10＋1.875＋10.875＝122.75(万元)

7．(1) 借：固定资产　　30 600
　应交税费——应交增值税(进项税额)　　5 100
　贷：银行存款　　35 700
(2) 借：在建工程　　82 000
　应交税费——应交增值税(进项税额)　　13 600
　贷：银行存款　　95 600
借：在建工程　　6 000
　贷：原材料　　4 000
　　应付职工薪酬　　2 000

(3) 借：固定资产 88 000
　　贷：在建工程 88 000

在建工程

借方	贷方
(1)82 000	(3)88 000
(2)6 000	

固定资产

借方	贷方
(1)30 600	
(3)88 000	
118 600	

综合题

8．(1) 借：在途物资——甲材料 48 000
　　　　应交税费——应交增值税(进项税额) 8 160
　　　　贷：应付账款 56 160

(2) 借：在途物资——甲材料 2 722
　　贷：银行存款 2 722

(3) 借：在途物资——乙材料 72 000
　　应交税费——应交增值税(进项税额) 12 240
　　贷：银行存款 84 240

(4) 借：在途物资——丙材料 22 400［2 800×9.36/(1＋17%)］
　　　　　　　——丁材料 50 000［10 000×5.85/(1＋17%)］
　　应交税费——应交增值税(进项税额) 12 308［(22 400＋50 000)×17%］
　　贷：银行存款 84 708

(5) 运杂费分配率＝3300÷(7 200＋2 800＋10 000)＝0.165(元/千克)
　乙材料分配运杂费＝7 200×0.165＝1188(元)
　丙材料分配运杂费＝2 800×0.165＝462(元)
　丁材料分配运杂费＝10 000×0.165＝1 650(元)

借：在途物资——乙材料 1 188
　　　　　　——丙材料 462
　　　　　　——丁材料 1 650
　贷：应付账款 3 300

(6) 借：预付账款 10 000
　　贷：银行存款 10 000

(7) 借：原材料——A 材料 100 000
　　应交税费——应交增值税(进项税额) 17 000
　　贷：预付账款 117 000

借：预付账款 17 000
　贷：银行存款 17 000

(8) 借：原材料——甲材料 50 722
　　　　　　——乙材料 73 188
　　　　　　——丙材料 22 862

——丁材料　51 650
贷：在途物资——甲材料　50 722
——乙材料　73 188
——丙材料　22 862
——丁材料　51 650

9. (1) 借：应付职工薪酬　58 000
贷：银行存款　58 000

(2) 借：预付账款　6 000
贷：银行存款　6 000

同时：
借：制造费用　2 000
贷：预付账款　2 000

(3) 借：生产成本——A 产品　120 000
——B 产品　180 000
管理费用　5 700
贷：原材料　305 700

(4) 借：管理费用　7 500
贷：银行存款　7 500

(5) 借：管理费用　4 000
贷：银行存款　4 000

(6) 借：财务费用　8 600
贷：应付利息　8 600

(7) 借：制造费用　11 000
管理费用　6 500
贷：累计折旧　17 500

(8) 借：生产成本——A 产品　34 000
——B 产品　66 000
制造费用　1 600
管理费用　8 000
贷：应付职工薪酬　109 600

(9) 制造费用＝2 000＋11 000＋1 600＝14 600(元)
制造费用分配率＝14 600/(34 000＋66 000)＝0.146
A 产品应分配的制造费用＝34 000×0.146＝4 964
B 产品应分配的制造费用＝66 000×0.146＝9 636

借：生产成本——A 产品　4 964
——B 产品　9 636
贷：制造费用　14 600

(10) A 产品完工成本＝120 000＋34 000＋4 964＝158 964(元)
B 产品完工成本＝180 000＋66 000＋9 636＝255 636(元)

借：库存商品——A 产品　158 964
　　　　　　——B 产品　255 636
　贷：生产成本——A 产品　158 964
　　　　　　　——B 产品　255 636

10．(1) 借：应收账款　374 400
　　　　贷：主营业务收入　320 000
　　　　　　应交税费——应交增值税(销项税额)　54 400

(2) 借：银行存款　200 000
　　贷：预收账款　200 000

(3) 借：销售费用　1 500
　　贷：银行存款　1 500

(4) 借：预收账款　200 000
　　应收票据　63 250
　　贷：主营业务收入　225 000
　　　　应交税费——应交增值税(销项税额)　38 250

(5) 借：主营业务成本　188 328.4
　　贷：库存商品——A 产品　130 652.8
　　　　　　　　——B 产品　57 675.6

(6) 借：营业税金及附加　1 600
　　贷：应交税费　1 600

11．(1) 借：银行存款　600 000
　　　　贷：短期借款　600 000

(2) 借：固定资产　800 000
　　贷：实收资本　800 000

(3) 借：应交税费　8 500
　　贷：银行存款　8 500

(4) 借：银行存款　70 000
　　贷：应收账款　70 000

(5) 借：预付账款　10 000
　　贷：银行存款　10 000
　借：管理费用　2 000
　　贷：预付账款　2 000

(6) 借：银行存款　292 500
　　贷：主营业务收入　250 000［292 500/(1+17%)］
　　　　应交税费——应交增值税(销项税额)　42 500(250 000×17%)

(7) 借：原材料——甲材料　38 000
　　应交税费——应交增值税(进项税额)　6 460
　　贷：预付账款　44 460

(8) 借：生产成本——A 产品　6 000
　　贷：原材料——甲材料　3 600

	——乙材料		2 400
(9) 借：制造费用		1 200	
贷：原材料			1 200
(10) 借：管理费用		800	
贷：库存现金			800
(11) 借：应付职工薪酬		300 000	
贷：银行存款			300 000
(12) 借：生产成本——B 产品		5 000	
贷：原材料——甲材料			5 000
(13) 借：销售费用		10 000	
贷：银行存款			10 000
(14) 借：应收账款		50 000	
贷：主营业务收入			50 000
(15) 借：营业税金及附加		2 500	
贷：应交税费——应交消费税			2 500
(16) 借：固定资产		25 000	
贷：应付账款			25 000
(17) 借：制造费用		800	
贷：银行存款			800
(18) 借：制造费用		20 000	
管理费用		3 200	
贷：累计折旧			23 200
(19) 借：财务费用		980	
贷：应付利息			980
(20) 借：应付股利		34 000	
贷：银行存款			34 000
(21) 借：生产成本——A 产品		12 000	
	——B 产品	100 000	
制造费用		8 000	
贷：应付职工薪酬			120 000
(22) 借：资本公积		60 000	
贷：实收资本			60 000
(23) 借：生产成本——A 产品		18 000	
	——B 产品	12 000	
贷：制造费用			30 000
(24) 借：库存商品——A 产品		38 500	
贷：生产成本			38 500

(25) 借：营业外支出 5 400
　　贷：银行存款 5 400
(26) 借：管理费用——退休金 4 200
　　贷：银行存款 4 200
(27) 借：主营业务成本 18 500
　　贷：库存商品——A 产品 18 500
(28) 借：本年利润 47 580
　　贷：主营业务成本 18 500
　　　　销售费用 10 000
　　　　管理费用 10 200
　　　　营业税金及附加 2 500
　　　　财务费用 980
　　　　营业外支出 5 400
　借：主营业务收入 300 000
　　贷：本年利润 300 000
(29) 利润总额＝300 000－47 580＝252 420(元)
　所得税费用＝252 420×25%＝63 105(元)
借：所得税费用 63 105
　贷：应交税费——应交所得税 63 105
借：本年利润 63 105
　贷：所得税费用 63 105
(30) 净利润＝252 420－63 105＝189 315(元)
　提取盈余公积＝189 315×10%＝18 931.5(元)
借：利润分配——提取法定盈余公积 18 931.5
　贷：盈余公积——法定盈余公积 18 931.5
(31) 应付股利＝(189 315－1 8931.5)×40%＝6 8153.4(元)
借：利润分配——应付现金股利或利润 68 153.4
　贷：应付股利 68 153.4
12．(1) 借：银行存款 200 000
　　　贷：实收资本 200 000
(2) 借：在途物资 15 090
　　应交税费——应交增值税(进项税额) 2 550
　　贷：银行存款 17 640
(3) 借：银行存款 117 000
　　贷：主营业务收入 100 000
　　　　应交税费——应交增值税(销项税额) 17 000
(4) 借：原材料 15 090
　　贷：在途物资 15 090

(5) 借：应交税费——应交增值税　7 000
　贷：银行存款　7 000
(6) 借：生产成本——甲产品　20 600
　贷：原材料——A 材料　6 600
　　——B 材料　14 000
(7) 借：银行存款　14 000
　贷：应收账款——大华公司　14 000
(8) 借：应付账款——振华工厂　13 000
　贷：银行存款　13 000
(9) 借：固定资产　10 000
　贷：实收资本　10 000
(10) 借：应收账款——达华公司　234 000
　贷：主营业务收入　200 000
　　应交税费——应交增值税(销项税额)　34 000
(11) 借：银行存款　12 000
　贷：短期借款　12 000
(12) 借：应付职工薪酬　80 000
　贷：银行存款　80 000
(13) 借：应交税费——应交所得税　15 000
　贷：银行存款　15 000
(14) 借：管理费用　936
　贷：库存现金　936
(15) 借：销售费用　18 000
　贷：银行存款　18 000
(16) 借：财务费用　4 000
　贷：应付利息　4 000
(17) 借：制造费用　26 000
　管理费用　14 000
　贷：累计折旧　40 000
(18) 借：生产成本　50 000
　制造费用　10 000
　管理费用　20 000
　贷：应付职工薪酬　80 000
(19) 借：生产成本　36 000
　贷：制造费用　36 000
(20) 借：库存商品——甲产品　300 000
　贷：生产成本——甲产品　300 000
(21) 借：主营业务成本　180 000[(100+200)×600]
　贷：库存商品　180 000

(22) 借：主营业务收入　　300 000
　　贷：本年利润　　300 000
　　借：本年利润　　236 936
　　贷：主营业务成本　　180 000
　　　　管理费用　　34 936(936+14 000+20 000)
　　　　财务费用　　4 000
　　　　销售费用　　18 000

利润总额＝300 000－236 936＝63 064(元)

所得税＝63 064×25%＝15 766(元)

(23) 借：所得税费用　　15 766
　　贷：应交税费——应交所得税　　15 766

借：本年利润　　15 766
　　贷：所得税费用　　15 766

净利润＝63 064－15 766＝47 298(元)

提取盈余公积＝47 298×10%＝4 729.8(元)

(24) 借：利润分配——提取法定盈余公积　　4 729.8
　　贷：盈余公积——法定盈余公积　　4 729.8

13.

(1) 借：主营业务收入　　162 000
　　贷：本年利润　　162 000

借：本年利润　　132 010
　　贷：主营业务成本　　72 672
　　　　管理费用　　13 438
　　　　财务费用　　10 300
　　　　销售费用　　30 000
　　　　业务税金及附加　　5 600

(2) 利润总额＝162 000－132 010＝29 990
　　所得税费用＝29 990×25%＝7 497.5

借：所得税费用　　7 497.5
　　贷：应交税费——应交所得税　　7 497.5

借：本年利润　　7 497.5
　　贷：所得税费用　　7 497.5

净利润＝29 990－7 497.5＝22 492.5

(3) 借：本年利润　　22 492.5
　　贷：利润分配——未分配利润　　22 492.5

(4) 借：利润分配——提取法定盈余公积　　2 249.25
　　贷：盈余公积——法定盈余公积　　2 249.25

(5) 借：利润分配——未分配利润　　2 249.25
　　贷：利润分配——提取法定盈余公积　　2 249.25

该企业2012年12月末有关账户本期发生额见表3-5-1。

表3-5-1　2012年12月末有关账户本期发生额

会计科目	借方发生额	贷方发生额
管理费用	13 438	(13 438)
财务费用	10 300	(10 300)
销售费用	30 000	(30 000)
主营业务收入	(162 000)	162 000
主营业务成本	72 672	(72 672)
营业税金及附加	5 600	(5 600)
所得税费用	(7 497.5)	(7 497.5)
本年利润	(162 000)	(162 000)
利润分配——提取法定盈余公积	(2 249.25)	(2 249.25)
利润分配——未分配利润	(2 249.25)	(22 492.5)

“利润分配——未分配利润”账户期末余额为20 243.25。

第六章　账户的分类

一、单项选择题

1. C　2. D　3. D　4. B　5. A　6. C　7. C　8. B
9. D　10. B　11. A　12. D　13. D　14. C　15. D　16. B

二、多项选择题

1. ABCD　2. ABCD　3. ACD　4. ABCD　5. ABD
6. ACD　7. BC　8. CD　9. ABCD　10. BCD
11. ACD　12. ABD　13. ABCD　14. ABC

三、名词解释

1. 盘存账户：是用来核算和监督各种财产物资和货币资金增减变动及其结存情况的账户。

2. 结算账户：是用来核算、监督企业同其他单位或个人之间的债权(应收款项)、债务(应付款项)结算情况的账户。

3. 债权结算账户：亦称资产结算账户，是专门用来核算、监督企业同各个债务单位或个人之间的债权结算业务的账户。

4. 债务结算账户：亦称负债结算账户，也就是负债账户，是专门用来核算和监督企业同各个债权单位或个人之间的债务结算业务的账户。

5. 债权债务结算账户：亦称资产负债结算账户或往来结算账户，是用来核算、监督企业同其他单位或个人之间的往来结算业务的账户。

6. 跨期摊配账户：是用来核算、监督应由各个会计期间共同负担的费用，并将这些费用摊配于各个会计期间的账户。

7．备抵账户：又称抵减账户，它是用来抵减被调整账户的余额，以求得被调整账户的实际余额的账户。

8．附加账户：用来增加被调整账户的余额，以求得被调整账户的实际余额的账户。

9．备抵附加账户：是既用来抵减，又用来增加被调整账户的余额，以求得被调整账户实际余额的账户。

四、判断题

1．√　2．√　3．×　4．√　5．×　6．×　7．×　8．×
9．×　10．×　11．×　12．×　13．√　14．×　15．√　16．×
17．√　18．×　19．√　20．×

五、简答题

1．什么是账户的经济内容？账户按经济内容分为哪几类？每类举一个账户为例。

答：账户的经济内容是指账户反映的会计对象的具体内容。账户按经济内容分类，可以分为以下 6 类账户：

(1) 资产类账户，如“固定资产”账户。
(2) 负债类账户，如“短期借款”账户；
(3) 所有者权益类账户，如“实收资本”账户；
(4) 收入类账户，如“主营业务收入”账户；
(5) 费用类账户，如“生产成本”账户；
(6) 利润类账户，如“利润分配”账户。

需要说明的是，账户按经济内容分类，通常将属于利润要素的账户并入所有者权益类账户，收入类和费用类账户合称损益类账户，而成本类账户单独设置，因此，《企业会计准则》规定，将账户分为以下 6 类：①资产类账户；②负债类账户；③共同类账户；④所有者权益类账户；⑤成本类账户；⑥损益类账户。

2．什么是账户的用途和结构？账户按用途和结构分为哪几类？每类举一个账户为例。

答：所谓账户的用途，是指设置和运用账户的目的，即通过账户记录提供什么核算指标。所谓账户的结构，是指在账户中如何登记经济业务，以取得所需要的各种核算指标，即账户借方登记什么，贷方登记什么，期末账户有无余额，如有余额在账户的哪一方，表示什么。账户按用途和结构分类，可以分为以下 9 类账户：

(1) 盘存账户，如“银行存款”、“原材料”账户。
(2) 结算账户，如“应收账款”账户；
(3) 资本账户，如“实收资本”账户；
(4) 跨期摊配账户，如“待摊费用”账户；
(5) 调整账户，如“累计折旧”账户、“材料成本差异”账户；
(6) 集合分配账户，如“制造费用”账户；
(7) 成本计算账户，如“生产成本”账户；
(8) 损益账户，如“主营业务收入”账户、“主营业务成本”、“管理费用”账户；
(9) 财务成果计算账户，如“本年利润”账户；

3．试比较债权结算账户、债务结算账户及债权债务结算账户的结构特点。

答：债权结算账户、债务结算账户和债权债务结算账户虽然都是结算账户，但在结构上却各有特点。

债权结算账户的结构特点是，借方登记债权的增加额，贷方登记债权的减少额，期末余额一般在借方，表示期末尚未收回债权的实有额。

债务结算账户的结构特点是，贷方登记债务的增加额，借方登记债务的减少额，期末余额一般在贷方，表示期末尚未偿付的债务的实有额。

债权债务结算账户的结构特点是，借方登记债权的增加额和债务的减少额，贷方登记债务的增加额和债权的减少额，期末余额如在借方，表示尚未收回的债权大于尚未偿付的债务的差额；如在贷方，表示尚未偿付的债务大于尚未收回的债权的差额。

4．简述跨期摊配账户结构的特点。

答：跨期摊配账户是用来反映和监督应由若干个会计期间共同负担的费用，并按权责发生制将这些费用在各个会计期间进行分摊的账户，如“长期待摊费用”账户。借方登记费用的实际支付或发生额，贷方登记费用的摊销额，期末余额在借方，表示已经支付或发生但尚未进行摊销的费用。

5．举例说明，为什么在会计核算中要设置抵减账户。

答：在会计核算中，由于管理上的需要，对于某些会计要素，要求用两种数字从不同的方面进行反映。在这种情况下，就需要设置两个账户，一个用来反映其原始数字，另一个用来反映对原始数字的调整数字，将原始数字和调整数字相加或相减，即可求得调整后的实际数字。例如，固定资产由于使用发生损耗，其价值不断减少，但从管理的角度考虑，需要“固定资产”账户能提供固定资产的原始价值指标，因此，固定资产价值的减少不直接记入“固定资产”账户的贷方，冲减其原始价值，而是另外开设了“累计折旧”账户，将提取的折旧记入“累计折旧”账户的贷方，用以反映固定资产由于损耗而不断减少的价值。将“固定资产”账户的借方余额(现有固定资产的原始价值)减去“累计折旧”账户的贷方余额(现有固定资产的累计折旧)，其差额就是现有固定资产的净值(或称折余价值)。可见，“累计折旧”账户就是为了调整“固定资产”账户的借方余额(原始价值)，以求得其实际价值(净值)而设置的。“累计折旧”账户就属于抵减账户，也称备抵账户。

六、业务题

1．将下列账户的归属类别用线连接：

① 累计折旧
② 长期待摊费用
③ 主营业务收入
④ 实收资本
⑤ 应收账款

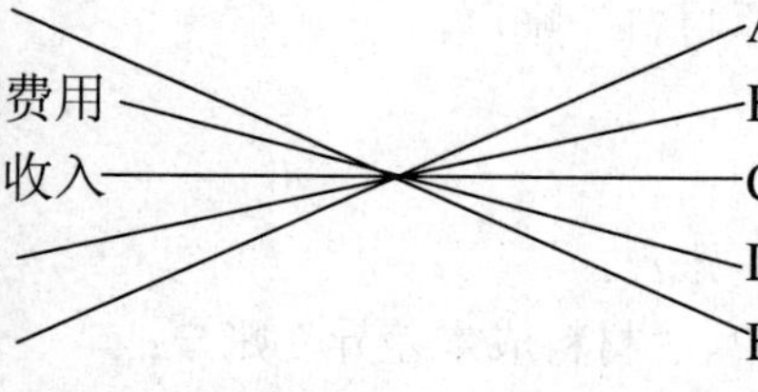

A．结算账户
B．所有者权益账户
C．收入账户
D．跨期摊配账户
E．调整账户

2．(1) 固定资产净值＝128 000－35 000＝93 000(元)。

(2) “固定资产”账户是被调整账户，“累计折旧”账户是“固定资产”账户的备抵调整账户即抵减账户，其备抵的方式是“固定资产”账户期末余额－“累计折旧”账户期末余额，调整后实际余额即固定资产的净值。

3．(1) 当“材料成本差异”账户为借方余额 1 500 元时，表示超支差异，材料实际成本＝72 500＋1 500＝74 000(元)，此时，“材料成本差异”账户是“原材料”账户的附加调整账户。

(2) 当“材料成本差异”账户为贷方余额 1 000 元时，表示节约差异，材料实际成本＝72 500－1 000＝71 500(元)，此时，“材料成本差异”账户为“原材料”账户的抵减账户。

4．首先，按账户的经济内容分类。

属于资产类账户的有：“固定资产”、“累计折旧”、“材料成本差异”、“原材料”、“银行存款”、“长期待摊费用”、“应收账款”、“应收票据”、“材料采购”账户。

属于负债类账户的有：“其他应付款”、“预收账款”、“应交税费”、“应付账款”、“短期借款”账户。

属于所有者权益类账户的有：实收资本、利润分配、本年利润。

属于收入类账户的有：主营业务收入、营业外收入。

属于费用类账户的有：财务费用、管理费用、所得税费用。

属于成本类账户的有：生产成本、制造费用。

其次，按账户的用途和结构分类。

属于盘存账户的有：固定资产、原材料、银行存款、生产成本(期末余额)，材料采购(期末余额)。

属于资本账户的有：实收资本。

属于结算账户的有：其他应付款、应交税费、应付账款、应收账款、应收票据、短期借款、预收账款。

属于跨期摊配账户的有：长期待摊费用。

属于抵减账户的有：利润分配、累计折旧。

属于抵减附加账户的有：材料成本差异。

属于集合分配账户的有：制造费用。

属于成本计算账户的有：生产成本(本期发生额)、材料采购(本期发生额)。

属于损益计算账户的有：主营业务收入、营业外收入、财务费用、管理费用、所得税费用。

属于财务成果计算账户的有：本年利润。

第七章 财 产 清 查

一、单项选择题

1．B　2．B　3．B　4．C　5．D　6．C　7．C　8．B　9．B
10．B　11．C　12．A　13．A　14．C　15．C　16．D　17．D　18．C

二、多项选择题

1．CD　2．CD　3．ABC　4．AB　5．CD　6．ABCD
7．AB　8．ABD　9．CD　10．AB　11．ABC　12．AD
13．ABCD　14．BCD

三、名词解释

1. 财产清查：是通过对实物、现金的实地盘点和对银行存款、往来款项的查对，来确定各项财产物资、货币资金和往来款项的实有数，并查明实有数和账面数是否相符的活动。

2. 永续盘存制：是指平时对各项材料、物资的增加数和减少数都要根据原始凭证在有关账簿中进行连续登记，并随时结出账面结存数额的盘存制度。

3. 实地盘存制：是指平时只在账簿中登记材料、物资的增加数，不登记材料、物资的减少数，月末时，根据实地盘点的实存数来轧计本月材料、物资的减少数的盘存制度。

四、判断题

1. √　2. √　3. ×　4. √　5. ×　6. ×　7. ×　8. ×　9. ×
10. ×　11. ×　12. ×　13. ×　14. ×　15. ×　16. ×　17. ×

五、简答题

1. 什么是财产清查？财产清查的意义何在？

答：所谓财产清查，就是通过对财产物资、现金的实地盘点和对银行存款、债权债务的查对，来确定财产物资、货币资金和债权债务的实存数，并查明账面结存数与实存数是否相符的一种专门方法。对于财产清查的意义，可归纳为以下几个方面：

(1) 通过财产清查，可以提高会计资料的质量，保证会计资料的真实、可靠。

(2) 通过财产清查，可以揭示财产物资的使用情况，促进企业改善经营管理，挖掘各项财产的潜力，加速资金周转。

(3) 通过财产清查，可以促使财产物资保管人员加强责任感，从而保证各项财产的安全完整。

2. 何为永续盘存制？何为实地盘存制？在不同的盘存制变下，对财产物资进行清查盘点的目的有何不同？

答：永续盘存制亦称账面盘存制，是平时对各项财产物资的增加数和减少数，都要根据会计凭证连续地记入有关账簿，并随时结出账面余额的一种盘存制度。在永续盘存制下，期末账面结存数的计算公式如下：

期末结存数＝期初结存数＋本期增加数－本期减少数

实地盘存制，是平时只根据会计凭证在账簿中登记财产物资的增加数，不登记减少数，到月末，对各项财产物资进行盘点，将盘点的实存数作为账面结存数，然后再倒挤出本期减少数的一种财产物资盘存制度。在实地盘存制下，本期减少数的计算公式如下：

本期减少数＝期初结存数＋本期增加数－期末实地盘存数

采用永续盘存制，尽管能在账簿中及时反映各项财产物资的增减变动及结存情况，但也有可能发生账实不符的情况，因此，也需要对各项财产物资进行清查盘点，以查明账实是否相符，以及账实不符的原因。而在实地盘存制下，月末对财产物资进行清查盘点的目的在于确定期末账面结存数，并在此基础上倒挤出本期减少数，据以登记账簿。

3. 何为未达账项？企业与银行之间的未达账项有哪几种？

答：所谓未达账项，是指由于企业与银行之间对于同一项业务，由于取得凭证的时间不同，导致记账时间不一致，而发生的一方已取得结算凭证并登记入账，而另一方由于尚未取得结算凭证尚未入账的款项。企业与银行之间的未达账项有以下 4 种：①企业已经入账而银行尚未入账的收入事项；②企业已经入账而银行尚未入账的支出事项；③银行已经入账而企业尚未入账的收入事项；④银行已经入账而企业尚未入账的支出事项。

4．简述“待处理财产损益”账户的用途和结构。

答：“待处理财产损益”账户是为了反映和监督财产清查中各种财产物资的盘盈、盘亏和毁损及其处理情况而设置的账户。该账户的结构如下：

(1) 借方登记的内容：①发生的待处理财产盘亏和毁损数；②结转已批准处理的财产盘盈数。

(2) 贷方登记的内容：①发生的待处理财产盘盈数；②转销已批准处理的财产盘亏和毁损数。

六、业务题

1．银行存款余额调节表见表 3-7-1。

表 3-7-1　银行存款余额调节表　　单位：元

项目	金额	项目	金额
企业银行存款日记账余额	691 600	银行对账单余额	681 600
加：企业未入账的收入款项 委托银行代收款项	4 000	加：银行未入账的收入款项 购货单位转账支票	15 000
减：企业未入账的支出款项 银行代付水电费	2 000	减：银行未入账的支出款项 企业开具的转账支票	3 000
调节后余额	693 600	调节后余额	693 600

不需编制有关会计分录。银行存款余额调节表的编制只是银行存款清查的方法，它只起到对账作用，不能作为调节账面余额的原始凭证。

2．银行存款余额调节表见表 3-7-2。

表 3-7-2　银行存款余额调节表　　单位：元

项目	金额	项目	金额
企业银行存款日记账余额	78 100	银行对账单余额	72 000
加：企业未入账的收入款项 银行代收销货款	2 000	加：银行未入账的收入款项 客户开具的购货支票	5 980
减：企业未入账的支出款项 银行代付水电费	3 200	减：银行未入账的支出款项 企业开具的支票	1 080
调节后余额	76 900	调节后余额	76 900

不需编制有关会计分录。银行存款余额调节表的编制只是银行存款清查的方法，它只起到对账作用，不能作为调节账面余额的原始凭证。

3．(1) 固定资产盘盈作为以前年度差错，报经批准处理前通过“以前年度损益调整”账户处理。

批准前：

借：固定资产 52 000(65 0000×80%)

贷：以前年度损益调整 52 000

批准后：

若该公司所得税税率为 25%，按 10%提取法定盈余公积，则

借：以前年度损益调整 13 000

贷：应交税费——应交所得税 13 000

借：以前年度损益调整 39 000

贷：盈余公积——法定盈余公积 3 900

贷：利润分配——未分配利润 35 100

(2) 批准前：

借：待处理财产损益——待处理非流动资产损益 16 000

累计折旧 12 000

贷：固定资产 28 000

批准后：

借：营业外支出 16 000

贷：待处理财产损益——待处理非流动资产损益 16 000

(3) 批准前：

借：待处理财产损益——待处理流动资产损益 200

贷：原材料——甲材料 200

批准后：

借：其他应收款——保管员 200

贷：待处理财产损益——待处理流动资产损益 200

(4) 批准前：

借：原材料——乙材料 350

贷：待处理财产损益——待处理流动资产损益 350

批准后：

借：待处理财产损益——待处理流动资产损益 350

贷：管理费用 350

(5) 批准前：

借：待处理财产损益——待处理流动资产损益 1 700

贷：原材料——丙材料 1 700

批准后：

借：其他应收款 1 000

营业外支出 700

贷：待处理财产损益——待处理流动资产损益 1 700

业务题

4．批准前：

借：原材料 6 400

贷：待处理财产损益——待处理流动资产损益　6 400

批准后：

借：待处理财产损益——待处理流动资产损益　6 400

贷：管理费用　6 400

5．批准前：

借：待处理财产损益——待处理流动资产损益　20 000

贷：原材料——B 材料　20 000

批准后：

(1) 对于属于定额内合理损耗的处理：

借：管理费用　1 000

贷：待处理财产损益——待处理流动资产损益　1 000

(2) 对于属于由责任人赔偿的处理：

借：其他应收款——保管员　8 000

贷：待处理财产损益——待处理流动资产损益　8 000

(3) 对于属于自然灾害造成的损失的处理：

借：营业外支出　5 000

其他应收款——保险公司　6 000

贷：待处理财产损益——待处理流动资产损益　11 000

6．固定资产盘盈作为以前年度差错，报经批准处理前通过“以前年度损益调整”账户处理。

批准前：

借：固定资产　250 000

贷：以前年度损益调整　250 000

批准后：

若该公司所得税税率为 25%，按 10%提取法定盈余公积，则

借：以前年度损益调整　62 500

贷：应交税费——应交所得税　62 500

借：以前年度损益调整　187 500

贷：盈余公积——法定盈余公积　18 750

利润分配——未分配利润　168 750

7．批准前：

借：待处理财产损益——待处理非流动资产损益　180 000

累计折旧　100 000

贷：固定资产　280 000

批准后：

借：营业外支出　180 000

贷：待处理财产损益——待处理非流动资产损益　180 000

第八章　财 务 报 表

一、单项选择题

1. D　2. C　3. B　4. A　5. D　6. B　7. C　8. A
9. A　10. C　11. D　12. D　13. C　14. C　15. B　16. A

二、多项选择题

1. ABCD　2. ABC　3. ACD　4. AB　5. ABCD
6. ABCD　7. AD　8. ABC

三、名词解释

1. 财务报表：是以账簿记录为依据，利用统一的货币计量单位，按照统一规定的格式、内容和编制方法，集中地反映企业的财务状况和经营成果的总括性报告文件。

2. 资产负债表：是根据资产、负债和所有者权益之间的相互关系，按照一定的分类标准和一定的顺序，把企业一定日期的资产、负债和所有者权益各项目予以适当排列，并对日常工作中形成的大量数据进行高度浓缩整理后编制而成的。它表明企业在某一特定日期所拥有或控制的经济资源、所承担的现有义务和所有者对净资产的要求权。

3. 利润表：是反映企业在一定会计期间经营成果的报表。它根据收入、费用与利润之间的关系，按利润构成的各项目分项列示，反映企业某一会计期间营业收入和营业费用，以及这一期间利润形成情况的财务报表，表明企业运用所拥有的资产的获利能力。

4. 现金流量表：是以现金为基础编制的财务状况变动表，它反映企业一定期间内现金和现金等价物的流入和流出，表明企业获得现金和现金等价物的能力。

四、判断题

1. ×　2. √　3. ×　4. √　5. √　6. √　7. √　8. ×

五、简答题

1. 简述会计报表的作用。

答：(1) 为国家宏观管理部门提供会计信息。

(2) 为企业经营管理提供会计信息。

(3) 为投资者和债权人提供会计信息。

2. 简述资产负债表各项目的填列方法。

答：(1) 根据总账账户余额直接填列(多数项目)。

(2) 根据总账账户余额计算填列，如“货币资金”、“存货”项目。

(3) 根据明细账户余额计算填列，如“应付账款”、“预付账款”、“应收账款”、“预收账款”项目。

(4) 根据总账账户和明细账户余额分析计算填列，如“一年内到期的非流动资产”和“非流动负债”项目。

(5) 根据账户余额减去其备抵项目后的净额填列，如“应收账款”、“其他应收款”、“存货”、“可供出售金融资产”、“持有至到期投资”、“长期股权投资”、“固定资产”、“在建工程”、“无形资产”等项目。

3．现金流量表可以提供哪些信息？

现金流量表可以提供的信息有：企业经营活动产生的现金流入和现金流出；投资活动产生的现金流入和现金流出；筹资活动产生的现金流入和流出。

4．怎样才能使会计报表的数字真实准确？

为了使会计报表数字真实准确，应做到以下几点：

(1) 报告期内所有的经济业务必须全部登记入账，根据核对无误的账簿记录编制会计报表，不能用估计数字编制会计报表，不得弄虚作假，不得篡改数字。

(2) 在编制会计报表前，认真核对账簿记录，做到账证相符、账账相符。

(3) 企业应定期进行财产清查，在账实相符的基础上编制会计报表。

(4) 在编制会计报表时，要核对会计报表之间的数字。

六、业务题

1．

应收账款＝65 000－500＋10 000＝74 500(元)

存货＝34 000＋56 000＋85 000－800＝174 200(元)

预付账款＝26 500＋5 000＝31 500(元)

应付账款＝1 500(元)

预收账款＝14 000(元)

未分配利润＝210 000－172 500＝37 500(元)

2．(1) 借：银行存款　93 600
　　贷：主营业务收入　80 000
　　　　应交税费——应交增值税(销项税额)　13 600

(2) 借：应收账款——红星工厂　52 650
　　贷：主营业务收入　45 000
　　　　应交税费——应交增值税(销项税额)　7 650

(3) 借：主营业务成本　101 400
　　贷：库存商品——甲产品　65 400
　　　　　　　　——乙产品　36 000

(4) 借：销售费用　1 520
　　贷：银行存款　1 520

(5) 借：营业税金及附加　8 750
　　贷：应交税费——应交城市维护建设税　8 750

(6) 借：管理费用　350
　　　　库存现金　50
　　贷：其他应收款——王力　400

(7) 借：管理费用　1 000
　　贷：库存现金　1 000

(8) 借：银行存款 45 000
　　贷：应收账款——红星厂 45 000
(9) 借：其他应付款 6 020
　　贷：其他业务收入 6 020
(10) 借：预付账款 2 400
　　贷：银行存款 2 400
(11) 借：管理费用 200
　　贷：预付账款 200
(12) 借：主营业务收入 125 000
　　其他业务收入 6 020
　　贷：本年利润 131 020
(13) 借：本年利润 113 220
　　贷：主营业务成本 101 400
　　　　销售费用 1 520
　　　　营业税金及附加 8 750
　　　　管理费用 1 550
(14)

利润总额＝131 020－113 220＝17 800(元)

所得税费用＝17 800×25%＝4 450(元)

借：所得税费用 4 450
　　贷：应交税费——应交所得税 4 450
借：本年利润 4 450
　　贷：所得税费用 4 450
(15) 借：应交税费——应交城市维护建设税 8 750
　　　　——应交所得税 4 450
　　贷：银行存款 13 200

所编制利润表见表 3-8-1。

表 3-8-1 利润表

会企 02 表

编制单位：×××× 2012 年 12 月 单位：元

项　　目	行次	本期金额	上期金额
一、营业收入	1	131 020	略
减：营业成本	2	101 400	
营业税金及附加	3	8 750	
销售费用	4	1 520	
管理费用	5	1 550	
财务费用	6	0	
资产减值损失	7	0	
加：公允价值变动收益(损失以“—”号填列)	8	0	
投资收益(损失以“—”号填列)	9	0	

续表

项　　目	行次	本期金额	上期金额
其中：对联营企业和合营企业的投资收益	10	0	
二、营业利润(亏损以“—”号填列)	11	17 800	
加：营业外收入	12	0	
减：营业外支出	13	0	
其中：非流动资产处置损失	14	0	
三、利润总额(亏损总额以“—”号填列)	15	17 800	
减：所得税费用	16	4 450	
四、净利润(净亏损以“—”号填列)	17	13 350	

第九章　会计核算组织程序

一、单项选择题

1．D　2．D　3．C　4．B　5．D　6．A　7．A　8．C　9．A

二、多项选择题

1．BC　2．ABCD　3．ABC　4．BC　5.ABD
6．ACD　7．AD　8．ACD　9．AB　10．ACD
11．ABD　12．ABCD　13．ABC

三、判断题

1．√　2．√　3．√　4．×　5．√　6．√　7．×　8．×　9．×
10．×　11．√　12．×　13．×　14．×　15．×　16．√　17．√

四、简答题

1．简述设计会计核算组织程序的要求。

答：合理、适用的会计核算形式，一般应符合以下 3 个要求：①要适应本单位经济活动的特点、规模的大小和业务的繁简，有利于会计核算的合理分工和岗位责任制的建立；②要适应本单位、主管部门以至国家管理经济的需要，全面、系统、及时地提供反映本单位经济活动情况的会计核算资料；③要在保证核算资料正确、及时和完整的前提下，尽可能地简化会计核算手续，提高会计工作的效率，节约人力物力，节约核算费用。

2．简述记账凭证核算组织程序的特点、优缺点、适用范围和账务处理程序。

答：记账凭证核算形式是一种最基本的会计核算组织程序。其特点是：直接根据记账凭证逐笔登记总分类账。其优点是：比较简单明了，易于理解；在总分类账中能具体反映经济业务的内容，便于查阅。其缺点是：登记总分类账的工作量大。这种会计核算形式适用于规模小且经济业务较小的单位。

记账凭证核算组织程序的账务处理程序如下。

(1) 根据原始凭证编制汇总原始凭证。

(2) 根据各种原始凭证或汇总原始凭证，编制记账凭证。

(3) 根据收款凭证、付款凭证逐步登记现金日记账和银行存款日记账。

(4) 根据原始凭证、汇总原始凭证和记账凭证，登记各种明细分类账。

(5) 根据记账凭证逐笔登记总分类账。

(6) 月终，将现金日记账、银行存款日记账的余额，以及各种明细分类账户余额的合计数，分别与总分类账中有关账户的余额核对相符。

(7) 月终，根据核对无误的总分类账和各种明细分类账的记录，编制会计报表。

3．简述科目汇总表核算组织程序的特点、优缺点和适用范围。

答：科目汇总表核算组织程序的特点是：定期将所有记账凭证汇总编制成科目汇总表，然后再根据科目汇总表登记总分类账。科目汇总表核算组织程序的优点是：科目汇总表的编制和使用较为简便，根据科目汇总表登记总分类账，可以大大减轻登记总分类账的工作量；而且科目汇总表还可以起到试算平衡的作用，从而保证总账登记的正确性。其缺点是：在科目汇总表和总账中，不反映科目对应关系，因而不便于分析经济业务的来龙去脉，不便于查对账目。这种会计核算形式适用于经济业务量较多的单位。

4．简述汇总记账凭证核算组织程序的特点、优缺点和适用范围。

答：汇总记账凭证核算组织程序的特点是：先定期将全部记账凭证汇总编制成各种汇总记账凭证，再根据汇总记账凭证登记总分类账。汇总记账凭证核算组织程序的优点是：可以简化总账的登记工作；在汇总记账凭证和总账中可以反映科目之间的对应关系，便于对经济业务的分析和检查。其缺点是：不利于会计核算工作的分工，而且编制汇总记账凭证的工作量较大。这种会计核算形式适用于规模大、经济业务较多的单位。

第十章　会计工作组织

一、单项选择题

1．B　2．C　3．A　4．B

二、判断题

1．√　2．×　3．√　4．×　5．×　6．×　7．×

三、简答题

1．科学地组织会计工作的意义是什么？

答：(1) 有利于保证会计工作的质量，提高会计工作的效率。

(2) 可确保会计工作与其他经济管理工作协调一致。

(3)可加强各单位内部的经济责任制。

2．组织会计工作应遵循哪些要求？

答：组织会计工作应遵循以下要求：①既要符合国家对会计工作的统一要求，又要适应各单位生产经营的特点；②既要保证核算工作的质量，又要节约人力、物力，提高工作效率；③既要保证贯彻整个单位的经济责任制，又要建立会计工作的责任制度。

3．我国会计法规对企业和行政、事业单位会计机构的设置作了哪些规定？

答：《中华人民共和国会计法》和有关法规规定，各个企业和行政、事业单位原则上都要单独设置专职的会计工作机构。同时规定：①不具备单独设置会计机构条件的单位，应在有关机构中配备专职会计人员；②没有设置会计机构和配备会计人员的单位，应当根据《代理记账管理办法》，委托会计师事务所或者持有代理记账许可证书的其他代理记账机构进行代理记账。

4．什么是内部会计管理制度？各单位制定内部会计管理制度时，应遵循哪些基本原则？

答：内部会计管理制度是各个企业和行政事业单位根据会计法及其他会计法规的规定，结合各单位的具体情况和内部管理的需要，本着建立健全会计工作的目的而建立的有关会计工作的各项内部制度。各单位制定内部会计管理制度应遵循以下原则：①应当执行法律、法规和国家统一的财务会计制度；②应当体现本单位生产经营、业务管理的特点和要求；③应当全面规范本单位的各项会计工作，建立健全会计基础，保证会计工作的有序进行；④应当科学、合理，便于操作和执行；⑤应当定期检查执行情况；⑥应当根据管理需要和执行中遇到的问题不断完善内部会计管理制度。

5．会计人员的主要职责是什么？

答：会计人员的主要职责是：①依法进行会计核算；②依法实行会计监督；③拟定本单位办理会计事务的具体办法；④参与制订经济计划、业务计划，编制预算和财务计划并考核、分析其执行情况；⑤办理其他会计事项。

6．会计人员的主要权限有哪些？

答：会计人员的权限主要有以下 4 方面：①会计人员有权要求本单位有关部门、人员认真执行批准的计划、预算，遵守国家法律及财经纪律和会计制度；②会计人员有权监督、检查本单位有关部门的财务收支、资金使用和财产保管、收发、计量、检验等情况；③会计人员有权参与本单位编制计划、制定定额、对外签订经济合同，参加有关的生产、经营管理会议和业务会议；④会计人员享有继续受教育的权利。

7.《中华人民共和国会计法》对会计人员，特别是对会计机构负责人和会计主管人员的任免作了哪些特殊的规定？

答：《中华人民共和国会计法》对此作出的特殊规定包括：

(1) 国有企业、事业单位的会计机构负责人、会计主管人员的任免，应当经过上级主管单位同意，不得任意调动或者撤换。

(2) 会计人员忠于职守、坚持原则，受到错误处理的，上级主管单位应当责成所在单位予以纠正。会计人员玩忽职守，丧失原则，不宜担任会计工作的，上级主管单位应责成所在单位予以撤换。

8．会计人员的职业道德是什么？

答：会计人员的职业道德具体为以下几点：

(1) 爱岗敬业。要求会计人员正确认识会计职业，树立爱岗敬业的精神，戒懒、戒惰、戒拖；热爱会计工作，敬重社会职业；安心工作，任劳任怨；严肃认真，一丝不苟；忠于职守，尽职尽责，切实对单位、对社会公众、对国家负责。

(2) 诚实守信。要求会计人员做老实人，说老实话，办老实事，不搞虚假；保守秘密，不为利益所诱惑。

(3) 廉洁自律。要求会计人员树立正确的人生观和价值观，自觉抵制享乐主义、个人主义、拜金主义；公私分明、不贪不占；遵纪守法、清正廉洁，自觉抵制行业不正之风。

(4) 客观公正。要求会计人员端正态度，依法办事，实事求是，不偏不倚，保持应有的独立性。

(5) 坚持准则。要求会计人员熟悉国家法律、法规和国家统一的会计制度，始终坚持按法律、法规和国家统一的会计制度的要求，进行会计核算，实施会计监督。

(6) 提高技能。要求会计人员增强提高专业技能的自觉性和紧迫感，勤学苦练，刻苦钻研；掌握科学的学习方法，向书本学、向社会学、向实际工作学，在学中思，在思中学，努力提高业务水平。

(7) 参与管理。要求会计人员在做好本职工作的同时，努力钻研相关业务，全面熟悉本单位经营活动和业务流程，主动提出合理化建议，协助领导决策，积极参与管理。

(8) 强化服务。要求会计人员树立服务意识，摆正位置，文明服务；提高服务质量，努力维护和提升会计职业的良好社会形象。

9. 简述我国会计法规和制度体系的构成层次。

答：我国会计法规和制度体系由 3 个层次构成：第一层次是基本法，即会计法，它是会计工作最高层次的规范；第二层次是会计行政规章，包括会计行政法规和部门规章，其中会计行政法规由国务院制定颁布，会计部门规章是由财政部及其他相关部委制定的；第三层次是会计准则，包括基本准则和具体准则，基本准则是进行会计核算工作必须共同遵守的基本要求，体现了会计核算的基本规律，具体准则是根据基本准则的要求，对经济业务的会计处理作出具体规定的准则；第四层次是指国家制定的统一会计制度及由基层会计主体自行制定或委托社会会计服务机构制定的基层单位内部会计制度。

10.《中华人民共和国会计法》的基本内容是什么？

答：(1) 它以法律形式确定了会计工作的地位和作用。

(2) 它以法律的形式确立了会计工作的管理体制。

(3) 它以法律形式规定了会计机构和会计人员的主要职责。

(4) 它以法律的形式明确规定了会计人员的职责权限。

11.《企业会计准则》的主要内容是什么？

答：我国企业会计准则体系由基本准则、具体准则和应用指南 3 部分组成。其中，基本准则是纲，在整个企业会计准则体系中起着统驭作用。基本准则规范了包括财务报告目标、会计基本假设、会计信息质量要求、会计要素的定义及其确认、计量原则、财务报告在内的基本问题。具体准则是目，是依据基本准则的要求对有关业务和报告作出的具体规定，分为一般业务准则、特殊行业的特定业务准则和报告准则。应用指南是补充，是对具体准则的操作指引。

12. 简述会计电算化的意义。

答：实现会计电算化的意义：①提高会计工作效率；②提高会计信息质量，促使会计工作规范化；③提高会计人员素质；④提高企业的管理决策水平；⑤促进会计自身的发展和变革。

13．什么是会计档案？怎样保管会计档案？

答：会计档案是指会计凭证、会计账簿和会计报表等会计核算专业材料，它是记录和反映经济业务的重要史料和证据。会计档案是国家档案的重要组成部分，也是各单位的重要档案之一。会计档案工作由各级财政机关和各级档案业务管理机构共同负责，进行业务指导、监督与检查。各单位每年形成的会计档案，都应由财务会计部门按照归档的要求，负责整理立卷或装订成册。当年会计档案，在会计年度终了后，可暂由本单位财务会计部门保管一年。期满之后，原则上应由财务会计部门编造清册移交本单位的档案部门保管。各单位按规定销毁会计档案时，应由档案机构和财会部门共同派人员监销。

14．会计工作的组织形式有哪几种？各自的特点是什么？

答：会计工作的组织形式是指会计机构的设置层次与会计核算资料的整理和提供的方式与分工。一般分为集中核算和非集中核算两种。

集中核算是把整个企业单位的会计工作主要集中在会计部门进行，企业内部的其他部门和下属单位只把其发生的业务填制原始凭证或原始凭证汇总表，并定期将原始凭证或原始凭证汇总表送交会计部门，由会计部门审核，然后据以填制记账凭证，登记有关账簿，编制会计报表。

非集中核算，又称分散核算，是将会计工作分散在各有关部门进行，单位内部会计部门以外的其他部门或下属单位在会计部门的指导下，对其发生的业务填制原始凭证或原始凭证汇总表，填制记账凭证，登记有关账簿，并进行其负责的其他会计工作，会计部门负责汇总核算单位整体的会计事务。

北京大学出版社本科财经管理类实用规划教材（已出版）

财务会计类

序号	书名	标准书号	主编	定价	序号	书名	标准书号	主编	定价
1	基础会计（第2版）	7-301-17478-4	李秀莲	38.00	22	财务管理学	7-301-21887-7	陈　玮	44.00
2	基础会计学	7-301-19403-4	窦亚芹	33.00	23	基础会计学学习指导与习题集	7-301-16309-2	裴　玉	28.00
3	会计学	7-81117-533-2	马丽莹	44.00	24	财务管理理论与实务	7-301-20042-1	成　兵	40.00
4	会计学原理（第2版）	7-301-18515-5	刘爱香	30.00	25	税法与税务会计实用教程（第2版）	7-301-21422-0	张巧良	45.00
5	会计学原理习题与实验（第2版）	7-301-19449-2	王保忠	30.00	26	财务管理理论与实务（第2版）	7-301-20407-8	张思强	42.00
6	会计学原理与实务（第2版）	7-301-18653-4	周慧滨	33.00	27	公司理财原理与实务	7-81117-800-5	廖东声	36.00
7	会计学原理与实务模拟实验教程	7-5038-5013-4	周慧滨	20.00	28	审计学	7-81117-828-9	王翠琳	46.00
8	会计实务	7-81117-677-3	王远利	40.00	29	审计学	7-301-20906-6	赵晓波	38.00
9	高级财务会计	7-81117-545-5	程明娥	46.00	30	审计理论与实务	7-81117-955-2	宋传联	36.00
10	高级财务会计	7-5655-0061-9	王奇杰	44.00	31	会计综合实训模拟教程	7-301-20730-7	章洁倩	33.00
11	成本会计学	7-301-19400-3	杨尚军	38.00	32	财务分析学	7-301-20275-3	张献英	30.00
12	成本会计学	7-5655-0482-2	张红漫	30.00	33	银行会计	7-301-21155-7	宗国恩	40.00
13	成本会计学	7-301-20473-3	刘建中	38.00	34	税收筹划	7-301-21238-7	都新英	38.00
14	管理会计	7-81117-943-9	齐殿伟	27.00	35	基础会计学	7-301-16308-5	晋晓琴	39.00
15	管理会计	7-301-21057-4	彤芳珍	36.00	36	公司财务管理	7-301-21423-7	胡振兴	48.00
16	会计规范专题	7-81117-887-6	谢万健	35.00	37	财务管理学实用教程（第2版）	7-301-21060-4	骆永菊	42.00
17	企业财务会计模拟实习教程	7-5655-0404-4	董晓平	25.00	38	政府与非营利组织会计	7-301-21504-3	张　丹	40.00
18	税法与税务会计	7-81117-497-7	吕孝侠	45.00	39	预算会计	7-301-22203-4	王筱萍	32.00
19	初级财务管理	7-301-20019-3	胡淑姣	42.00	40	统计学实验教程	7-301-22450-2	裘雨明	24.00
20	财务管理学原理与实务	7-81117-544-8	严复海	40.00	41	基础会计实验与习题	7-301-22387-1	左　旭	30.00
21	财务管理学	7-5038-4897-1	盛均全	34.00					

工商管理、市场营销、人力资源管理、服务营销类

序号	书名	标准书号	主编	定价	序号	书名	标准书号	主编	定价
1	管理学基础	7-5038-4872-8	于干千	35.00	28	市场营销学	7-301-21056-7	马慧敏	42.00
2	管理学基础学习指南与习题集	7-5038-4891-9	王　珍	26.00	29	市场营销学：理论、案例与实训	7-301-21165-6	袁连升	42.00
3	管理学	7-81117-494-6	曾　旗	44.00	30	市场营销学	7-5655-0064-0	王槐林	33.00
4	管理学	7-301-21167-0	陈文汉	35.00	31	国际市场营销学	7-301-21888-4	董　飞	45.00
5	管理学	7-301-17452-4	王慧娟	42.00	32	市场营销学（第2版）	7-301-19855-1	陈　阳	45.00
6	管理学原理	7-5655-0078-7	尹少华	42.00	33	市场营销学	7-301-21166-3	杨　楠	40.00
7	管理学原理与实务（第2版）	7-301-18536-0	陈嘉莉	42.00	34	国际市场营销学	7-5038-5021-9	范应仁	38.00
8	管理学实用教程	7-5655-0063-3	邵喜武	37.00	35	现代市场营销学	7-81117-599-8	邓德胜	40.00
9	管理学实用教程	7-301-21059-8	高爱霞	42.00	36	市场营销学新论	7-5038-4879-7	郑玉香	40.00
10	管理学实用教程	7-301-22218-8	张润兴	43.00	37	市场营销理论与实务（第2版）	7-301-20628-7	那　薇	40.00
11	通用管理知识概论	7-5038-4997-8	王丽平	36.00	38	市场营销学实用教程	7-5655-0081-7	李晨耘	40.00
12	管理学原理	7-301-21178-6	雷金荣	39.00	39	市场营销学	7-81117-676-6	戴秀英	32.00
13	管理运筹学（第2版）	7-301-19351-8	关文忠	39.00	40	消费者行为学	7-81117-824-1	甘瑁琴	35.00
14	统计学原理	7-301-21061-1	韩　宇	38.00	41	商务谈判（第2版）	7-301-20048-3	郭秀君	49.00
15	统计学原理	7-5038-4888-9	刘晓利	28.00	42	商务谈判实用教程	7-81117-597-4	陈建明	24.00
16	统计学	7-5038-4898-8	曲　岩	42.00	43	消费者行为学	7-5655-0057-2	肖　立	37.00
17	应用统计学（第2版）	7-301-19295-5	王淑芬	48.00	44	客户关系管理实务	7-301-09956-8	周贺来	44.00
18	统计学原理与实务	7-5655-0505-8	徐静霞	40.00	45	公共关系学	7-5038-5022-6	于朝晖	40.00
19	管理定量分析方法	7-301-13552-5	赵光华	28.00	46	非营利组织	7-301-20726-0	王智慧	33.00
20	新编市场营销学	7-81117-972-9	刘丽霞	30.00	47	公共关系理论与实务	7-5038-4889-6	王　玫	32.00
21	公共关系理论与实务	7-5655-0155-5	李泓欣	45.00	48	公共关系学实用教程	7-81117-660-5	周　华	35.00
22	质量管理	7-5655-0069-5	陈国华	36.00	49	跨文化管理	7-301-20027-8	晏　雄	35.00
23	企业文化理论与实务	7-81117-663-6	王水嫩	30.00	50	企业战略管理	7-5655-0370-2	代海涛	36.00
24	企业战略管理	7-81117-801-2	陈英梅	34.00	51	员工招聘	7-301-20089-6	王　挺	30.00
25	企业战略管理实用教程	7-81117-853-1	刘松先	35.00	52	服务营销理论与实务	7-81117-826-5	杨丽华	39.00
26	产品与品牌管理	7-81117-492-2	胡　梅	35.00	53	服务企业经营管理学	7-5038-4890-2	于干千	36.00
27	东方哲学与企业文化	7-5655-0433-4	刘峰涛	34.00	54	服务营销	7-301-15834-0	周　明	40.00

序号	书　名	标 准 书 号	主　编	定价	序号	书　名	标 准 书 号	主　编	定价
55	运营管理	7-5038-4878-0	冯根尧	35.00	67	会展服务管理	7-301-16661-1	许传宏	36.00
56	生产运作管理（第 2 版）	7-301-18934-4	李全喜	48.00	68	现代服务业管理原理、方法与案例	7-301-17817-1	马　勇	49.00
57	运作管理	7-5655-0472-3	周建亨	25.00	69	服务性企业战略管理	7-301-20043-8	黄其新	28.00
58	组织行为学	7-5038-5014-1	安世民	33.00	70	服务型政府管理概论	7-301-20099-5	于干千	32.00
59	组织行为学实用教程	7-301-20466-5	冀　鸿	32.00	71	新编现代企业管理	7-301-21121-2	姚丽娜	48.00
60	现代组织理论	7-5655-0077-0	岳　澎	32.00	72	创业学	7-301-15915-6	刘沁玲	38.00
61	人力资源管理（第 2 版）	7-301-19098-2	颜爱民	60.00	73	公共关系学实用教程	7-301-17472-2	任焕琴	42.00
62	人力资源管理经济分析	7-301-16084-8	颜爱民	38.00	74	现场管理	7-301-21528-9	陈国华	38.00
63	人力资源管理原理与实务	7-81117-496-0	邹　华	32.00	75	现代企业管理理论与应用（第 2 版）	7-301-21603-3	邸彦彪	38.00
64	人力资源管理实用教程（第 2 版）	7-301-20281-4	吴宝华	45.00	76	服务营销	7-301-21889-1	熊　凯	45.00
65	人力资源管理：理论、实务与艺术	7-5655-0193-7	李长江	48.00	77	企业经营 ERP 沙盘应用教程	7-301-20728-4	董红杰	32.00
66	政府与非营利组织会计	7-301-21504-3	张　丹	40.00	78	项目管理	7-301-21448-0	程　敏	39.00

经济、国贸、金融类

序号	书　名	标 准 书 号	主　编	定价	序号	书　名	标 准 书 号	主　编	定价
1	宏观经济学原理与实务（第 2 版）	7-301-18787-6	崔东红	57.00	21	国际贸易规则与进出口业务操作实务（第 2 版）	7-301-19384-6	李　平	54.00
2	宏观经济学（第 2 版）	7-301-19038-8	蹇令香	39.00	22	金融市场学	7-81117-595-0	黄解宇	24.00
3	微观经济学原理与实务	7-81117-818-0	崔东红	48.00	23	财政学	7-5038-4965-7	盖　锐	34.00
4	微观经济学	7-81117-568-4	梁瑞华	35.00	24	保险学原理与实务	7-5038-4871-1	曹时军	37.00
5	西方经济学实用教程	7-5038-4886-5	陈孝胜	40.00	25	东南亚南亚商务环境概论	7-81117-956-9	韩　越	38.00
6	西方经济学实用教程	7-5655-0302-3	杨仁发	49.00	26	证券投资学	7-301-19967-1	陈汉平	45.00
7	西方经济学	7-81117-851-7	于丽敏	40.00	27	证券投资学	7-301-21236-3	王　毅	45.00
8	现代经济学基础	7-81117-549-3	张士军	25.00	28	货币银行学	7-301-15062-7	杜小伟	38.00
9	国际经济学	7-81117-594-3	吴红梅	39.00	29	货币银行学	7-301-21345-2	李　冰	42.00
10	发展经济学	7-81117-674-2	赵邦宏	48.00	30	国际结算（第 2 版）	7-301-17420-3	张晓芬	35.00
11	管理经济学	7-81117-536-3	姜保雨	34.00	31	国际结算	7-301-21092-5	张　慧	42.00
12	计量经济学	7-5038-3915-3	刘艳春	28.00	32	金融风险管理	7-301-20090-2	朱淑珍	38.00
13	外贸函电（第 2 版）	7-301-18786-9	王　妍	30.00	33	金融工程学	7-301-18273-4	李淑锦	30.00
14	国际贸易理论与实务（第 2 版）	7-301-18798-2	缪东玲	54.00	34	国际贸易理论、政策与案例分析	7-301-20978-3	冯　跃	42.00
15	国际贸易（第 2 版）	7-301-19404-1	朱廷珺	45.00	35	金融工程学理论与实务（第 2 版）	7-301-21280-6	谭春枝	42.00
16	国际贸易实务（第 2 版）	7-301-20486-3	夏合群	45.00	36	金融学理论与实务	7-5655-0405-1	战玉峰	42.00
17	国际贸易结算及其单证实务	7-5655-0268-2	卓乃坚	35.00	37	国际金融实用教程	7-81117-593-6	周　影	32.00
18	政治经济学原理与实务（第 2 版）	7-301-22204-1	沈爱华	31.00	38	跨国公司经营与管理（第 2 版）	7-301-21333-9	冯雷鸣	35.00
19	国际商务	7-5655-0093-0	安占然	30.00	39	国际金融	7-5038-4893-3	韩博印	30.00
20	国际贸易实务	7-301-20919-6	张　肃	28.00	40	国际商务函电	7-301-22388-8	金泽虎	35.00

法律类

序号	书　名	标 准 书 号	主　编	定价	序号	书　名	标 准 书 号	主　编	定价
1	经济法原理与实务(第2版)	7-301-21527-2	杨士富	39.00	5	劳动法和社会保障法(第 2 版)	7-301-21206-6	李　瑞	38.00
2	经济法实用教程	7-81117-547-9	陈亚平	44.00	6	金融法学理论与实务	7-81117-958-3	战玉锋	34.00
3	国际商法理论与实务	7-81117-852-4	杨士富	38.00	7	国际商法	7-301-20071-1	丁孟春	37.00
4	商法总论	7-5038-4887-2	任先行	40.00	8	商法学	7-301-21478-7	周龙杰	43.00

电子商务与信息管理类

序号	书　名	标 准 书 号	主　编	定价	序号	书　名	标 准 书 号	主　编	定价
1	网络营销	7-301-12349-2	谷宝华	30.00	8	电子商务概论（第 2 版）	7-301-17475-3	庞大莲	42.00
2	数据库技术及应用教程（SQL Server 版）	7-301-12351-5	郭建校	34.00	9	网络营销	7-301-16556-0	王宏伟	26.00
3	网络信息采集与编辑	7-301-16557-7	范生万	24.00	10	电子商务概论	7-301-16717-5	杨雪雁	32.00
4	电子商务案例分析	7-301-16596-6	曹彩杰	28.00	11	电子商务英语	7-301-05364-5	覃　正	30.00
5	管理信息系统	7-301-12348-5	张彩虹	36.00	12	网络支付与结算	7-301-16911-7	徐　勇	34.00
6	电子商务概论	7-301-13633-1	李洪心	30.00	13	网上支付与安全	7-301-17044-1	帅青红	32.00
7	管理信息系统实用教程	7-301-12323-2	李　松	35.00	14	企业信息化实务	7-301-16621-5	张志荣	42.00

序号	书 名	标 准 书 号	主 编	定价	序号	书 名	标 准 书 号	主 编	定价
15	电子商务法	7-301-14306-3	李 瑞	26.00	28	电子化国际贸易	7-301-17246-9	李辉作	28.00
16	数据仓库与数据挖掘	7-301-14313-1	廖开际	28.00	29	商务智能与数据挖掘	7-301-17671-9	张公让	38.00
17	电子商务模拟与实验	7-301-12350-8	喻光继	22.00	30	管理信息系统教程	7-301-19472-0	赵天唯	42.00
18	ERP 原理与应用教程	7-301-14455-8	温雅丽	34.00	31	电子政务	7-301-15163-1	原忠虎	38.00
19	电子商务原理及应用	7-301-14080-2	孙 睿	36.00	32	商务智能	7-301-19899-5	汪 楠	40.00
20	管理信息系统理论与应用	7-301-15212-6	吴 忠	30.00	33	电子商务与现代企业管理	7-301-19978-7	吴菊华	40.00
21	网络营销实务	7-301-15284-3	李蔚田	42.00	34	电子商务物流管理	7-301-20098-8	王小宁	42.00
22	电子商务实务	7-301-15474-8	仲 岩	28.00	35	管理信息系统实用教程	7-301-20485-6	周贺来	42.00
23	电子商务网站建设	7-301-15480-9	臧良运	32.00	36	电子商务概论	7-301-21044-4	苗 森	28.00
24	网络金融与电子支付	7-301-15694-0	李蔚田	30.00	37	管理信息系统实务教程	7-301-21245-5	魏厚清	34.00
25	网络营销	7-301-22125-9	程 虹	38.00	38	电子商务安全	7-301-22350-5	蔡志文	49.00
26	电子证券与投资分析	7-301-22122-8	张德存	38.00	39	电子商务法	7-301-22121-1	郭 鹏	38.00
27	数字图书馆	7-301-22118-1	奉国和	30.00	40	ERP 沙盘模拟教程	7-301-22393-2	周 菁	26.00

物流类

序号	书 名	书号	编著者	定价	序号	书 名	书号	编著者	定价
1	物流工程	7-301-15045-0	林丽华	30.00	28	物流项目管理	7-301-18801-9	周晓晔	35.00
2	现代物流决策技术	7-301-15868-5	王道平	30.00	29	物流工程与管理	7-301-18960-3	高举红	39.00
3	物流管理信息系统	7-301-16564-5	杜彦华	33.00	30	交通运输工程学	7-301-19405-8	于 英	43.00
4	物流信息管理	7-301-16699-4	王汉新	38.00	31	国际物流管理	7-301-19431-7	柴庆春	40.00
5	现代物流学	7-301-16662-8	吴 健	42.00	32	商品检验与质量认证	7-301-10563-4	陈红丽	32.00
6	物流英语	7-301-16807-3	阚功俭	28.00	33	供应链管理	7-301-19734-9	刘永胜	49.00
7	第三方物流	7-301-16663-5	张旭辉	35.00	34	逆向物流	7-301-19809-4	甘卫华	33.00
8	物流运作管理	7-301-16913-1	董千里	28.00	35	供应链设计理论与方法	7-301-20018-6	王道平	32.00
9	采购管理与库存控制	7-301-16921-6	张 浩	30.00	36	物流管理概论	7-301-20095-7	李传荣	44.00
10	物流管理基础	7-301-16906-3	李蔚田	36.00	37	供应链管理	7-301-20094-0	高举红	38.00
11	供应链管理	7-301-16714-4	曹翠珍	40.00	38	企业物流管理	7-301-20818-2	孔继利	45.00
12	物流技术装备	7-301-16808-0	于 英	38.00	39	物流项目管理	7-301-20851-9	王道平	30.00
13	现代物流信息技术	7-301-16049-7	王道平	30.00	40	供应链管理	7-301-20901-1	王道平	35.00
14	现代物流仿真技术	7-301-17571-2	王道平	34.00	41	现代仓储管理与实务	7-301-21043-7	周兴建	45.00
15	物流信息系统应用实例教程	7-301-17581-1	徐 琪	32.00	42	物流学概论	7-301-21098-7	李 创	44.00
16	物流项目招投标管理	7-301-17615-3	孟祥茹	30.00	43	航空物流管理	7-301-21118-2	刘元洪	32.00
17	物流运筹学实用教程	7-301-17610-8	赵丽君	33.00	44	物流管理实验教程	7-301-21094-9	李晓龙	25.00
18	现代物流基础	7-301-17611-5	王 侃	37.00	45	物流系统仿真案例	7-301-21072-7	赵 宁	25.00
19	现代企业物流管理实用教程	7-301-17612-2	乔志强	40.00	46	物流与供应链金融	7-301-21135-9	李向文	30.00
20	现代物流管理学	7-301-17672-6	丁小龙	42.00	47	物流信息系统	7-301-20989-9	王道平	28.00
21	物流运筹学	7-301-17674-0	郝 海	36.00	48	物料学	7-301-17476-0	肖生苓	44.00
22	供应链库存管理与控制	7-301-17929-1	王道平	28.00	49	智能物流	7-301-22036-8	李蔚田	45.00
23	物流信息系统	7-301-18500-1	修桂华	32.00	50	物流项目管理	7-301-21676-7	张旭辉	38.00
24	城市物流	7-301-18523-0	张 潜	24.00	51	新物流概论	7-301-22114-3	李向文	34.00
25	营销物流管理	7-301-18658-9	李学工	45.00	52	物流决策技术	7-301-21965-2	王道平	38.00
26	物流信息技术概论	7-301-18670-1	张 磊	28.00	53	物流系统优化建模与求解	7-301-22115-0	李向文	32.00
27	物流配送中心运作管理	7-301-18671-8	陈 虎	40.00	54	集装箱运输实务	7-301-16644-4	孙家庆	34.00

相关教学资源如电子课件、电子教材、习题答案等可以登录 www.pup6.com 下载或在线阅读。

扑六知识网(www.pup6.com)有海量的相关教学资源和电子教材供阅读及下载(包括北京大学出版社第六事业部的相关资源)，同时欢迎您将教学课件、视频、教案、素材、习题、试卷、辅导材料、课改成果、设计作品、论文等教学资源上传到 pup6.com，与全国高校师生分享您的教学成就与经验，并可自由设定价格，知识也能创造财富。具体情况请登录网站查询。

如您需要免费纸质样书用于教学，欢迎登录第六事业部门户网(www.pup6.com)填表申请，并欢迎在线登记选题以到北京大学出版社来出版您的大作，也可下载相关表格填写后发到我们的邮箱，我们将及时与您取得联系并做好全方位的服务。

扑六知识网将打造成全国最大的教育资源共享平台，欢迎您的加入——让知识有价值，让教学无界限，让学习更轻松。联系方式：010-62750667，wangxc02@163.com，lihu80@163.com，欢迎来电来信。